タコとミカンの島

瀬戸内の島で暮した夫婦の話

絵・文　倉掛 喜八郎

目次

まえがき

一九七八（昭和五三）年、本土と四国を結ぶ通称「瀬戸大橋」岡山児島〜香川坂出ルートの工事着工。続いて「明石海峡大橋」「しまなみ海道」と工事が始まるたびにメディアが特集記事や写真集、テレビ番組で取り上げ、瀬戸内海が注目を集めた。それを目にするたび、私の心が騒いだ。

そのころ私は、刻々と変貌する「ふる里」の海と人々の暮しを、心象風景とだぶらせて記憶しておきたいと思いたち、ふらりとルポの旅に出た。

観光客が訪れない、土地の人が通る脇道を歩いた。服装はTシャツかポロシャツにジャンパーをはおり、綿パンか半パン、ウォーキングシューズ。風体は、足元が違うだけで島の漁師や農家と変わらなかった。どこにでも腰を下ろしてスケッチ、先入観なしに通りすがりの人と話した。

持ち物はスケッチ道具一式、ポケット判時刻表、地図、漁師から海底の話を聞くこともあったので、ときに海図。手のひらサイズのメモ帳、A5判ノート、洗面具、着替え。これらをリュックに詰めて背負う。依頼された取材のときは、念のため記録用の一眼レフカメラ。食料品は、島に食堂がないことがあったので、万一のために、あんぱんとリンゴをひとつ、チョコひとかけらをぎゅっと詰めた。

私は幼いころから海と船が大好き。急ぐ旅ではなかったので、船は船室に閉じ込められる高速船を避けて、デッキから風景を眺められるフェリーにした。島と最寄りの町を結ぶ、時刻表に載っていない小さな貨客船「渡海船」も利用した。さらに漁船、行商船、貨物船、ヨットなどにも便乗した。船頭に頼むには、海、船、魚好き、旅、など共通の話題があるとよい。新造漁船で金比羅参り、練習船で瀬戸内研究航海や四国一周にも便乗し、人とは違った船旅を楽しんだ。

当時、知人の新聞記者Kさんが神田の古本屋で見つけたからと、瀬戸内のあちこちに足跡を残す民俗学者宮本常一氏の著作『私の日本地図・瀬戸内海』をわざわざ送ってくれた。ページを開いて、愛媛県忽那《くつな》諸島の二神《ふたがみ》、由利島《ゆりじま》の記述に目がとまった。

二神は部落全体が漁業組合員で、島民はみな平等の権利をもつ。島民と漁業組合がイワシ網を共同経営、漁業組合は重油焚き発電所を経営して電灯を灯し、島の近代化に尽くした。一種の「島共和国」であり、島民は平和に暮らすことができた。相互扶助の精神が強く、貧しい者は子島の由利へわたり、畑を作って家計を立て直す「困窮島の制度」を設けていた。

瀬戸の小島に「島共和国」「困窮島の制度」、聞き慣れないことがらに強く興味が湧き、二神、由利の親子島へ行ってみたいと思った。

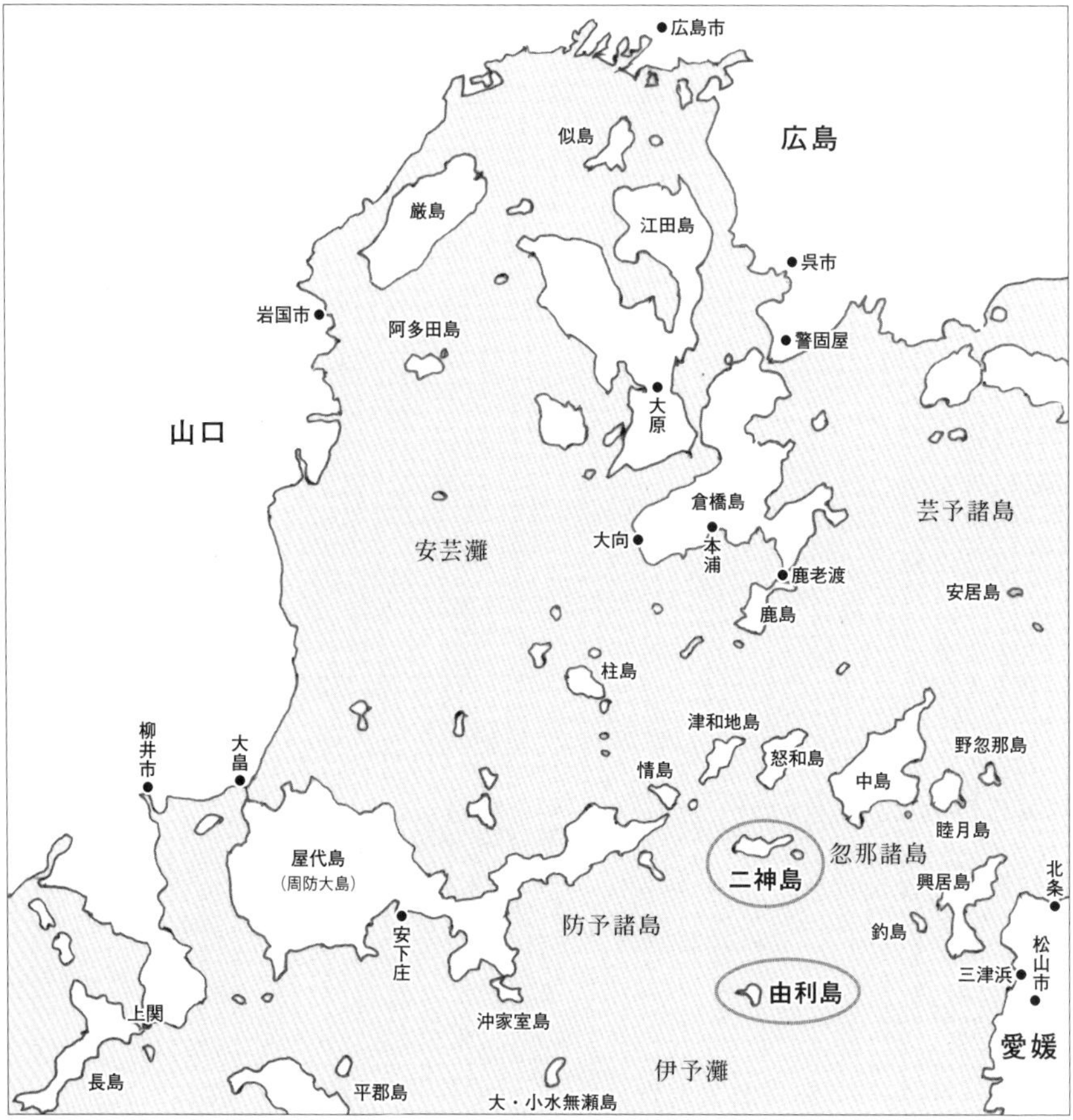

広島市
広島
似島
厳島
江田島
呉市
岩国市
阿多田島
警固屋
大原
山口
倉橋島
芸予諸島
大向
本浦
安芸灘
鹿老渡
安居島
鹿島
柱島
津和地島
野忽那島
柳井市
大畠
情島
怒和島
中島
睦月島
屋代島
(周防大島)
忽那諸島
二神島
北条
興居島
安下庄
防予諸島
釣島
松山市
三津浜
由利島
上関
沖家室島
愛媛
長島
平郡島
伊予灘
大・小水無瀬島

二神・由利島周辺地図

第Ⅰ章

島の夫婦

二神島

昭和五九（一九八四）年八月、松山市三津浜港からフェリーに乗り、初めて念願の二神島《ふたがみじま》を訪ねた。忽那《くつな》諸島の二神島は、行政上は愛媛県温泉郡中島町（現 松山市）に属し、瀬戸内海国立公園内にある東西に細長い周囲一〇キロの島である。ミカン耕作と漁業兼業の暮し。戸数一五〇戸、人口四〇〇人たらず。駐在さん、お医者さんお坊さんもいない。

薄いフィルムシートを張ったように波ひとつない凪の海を、鋭いナイフで切りさくように白波をけたてて漁船が帰ってきた。漁協の生簀にタコを水揚げした後、船を船溜りにつなぎ止め、初老の夫婦が、馴れた足取りでヒョイヒョイと僚船の船べりをまたぎ、石積みの防波堤に上がってきた。

「こんにちは。タコは豊漁ですか」

声をかけると、男はチラッと私を見て、一瞬まばたきしたような。やせ細り、面長のほおがこけてシワ深い。長袖木綿シャツをはだけた胸にはアバラ骨が浮き上がる。両手はゴツゴツ節くれだち、手ぬぐいを巻いたツバの短い麦ワラ帽を白髪頭に浅目にかぶる。背丈は一メートル六〇センチ前後か。着古した灰色の作業ズボン、白い長靴を履く。大病でも患ったのか、腰が「く」の字に曲がる。だが、日焼けして精悍な漁師の風貌だ。

後につづく小柄な奥さんは、赤ん坊のようなフリルがついた白い日よけ帽を目深にかぶり、涼しそうな淡い花柄ブラウス、かすりのもんぺ柄のナイロン製作業ズボン、白い長靴履き、清潔な感じだ。

「暑いですね」

月並な言葉をかけると、骨ばった四角い顔が少し微笑み、軽い会釈を返してきた。背丈は一メートル四〇ぐらいか。小柄な女性にしては不釣合いな、男のように大きなこぶし。長年の激しい労働を思う。

夫婦の目の奥は二神の青い海のように澄んでいた。

フェリーが着いた正面の宿に荷物をおいて、島をぶらぶら歩く。

北岸の入江沿いに港と集落があり、敷石の一本道に瓦屋根二階建ての家が並ぶ。どの家の今夜のおかずは何、みんなわかる真っ直ぐの細い路地を抜けた裏山は、ところどころ杉の防風林に囲まれて、ミカン畑が尾根近くまで広がる。

近海はタイとタコの好漁場だ。夕暮どきつぎつぎと漁船が帰港する。マダイ、カレイ、アジ、ハリイカなどが、漁協の生簀にじゃんじゃん水揚げされていく。タイは活魚運搬船で広島県糸崎、列車で京阪神へ出荷される。

港に面した家並に、玄関や窓に戸板を打ちつけた家が二つ三つ見える。過疎化している。だが、元気な子どもたちの声がして、寂しいという印象はない。大人も子どもも着ているものは洗濯がきき、小ざっぱりしている。女性の方言は響きが柔らかい。

集落から西側は、譲りあえば軽トラがどうにかすれちがえるコンクリートの農道だ。東側は二神小学校を過ぎると南岸へつづき、やがて切り立った崖の自然海岸にぶつかる。島をぐるっと一周する道路はない。

島の朝は早い。東の空が白んで夜明けの気配がすると、漁船がつぎつぎと出漁。しばらくすると農家の人も軽トラや歩いて畑に行く。午前七時過ぎ、旅館の横に小学生一二人が勢ぞろいし、二神小学校へ集団登校。船通勤の幼稚園の先生が降りると、フェリーはすぐに三津浜へ折り返した。

昭和四七（一九七二）年、アメリカの地理雑誌『ナショナル・ジオグラフィック』が、古きよき日本の情景を残す島として、世界に二神島を紹介したことは、今も島人の語り草である。

K.KURAKAKE

由利島

由利島《ゆりじま》は人が住んでいない「無住」の島。二神島の南八キロの伊予灘にポツンと浮かぶ。

由利島へ渡る船便はないものか、二神から中島町役場へ勤める豊田渉さんに電話をしてみた。「ミカンの出耕作をしている中村さんに頼んでみましょう」と快く紹介してくれた。

昭和五九（一九八四）年一〇月二四日、由利島へ船を出してくれる中村さんを二神島の桟橋で待っていると、その人がひょこひょこやって来た。顔を見て驚いた。二ヵ月前、初めて二神を訪ねた漁港で「タコは豊漁ですか」と声をかけた、あのときの漁師夫婦だった。

中村勝美さん（六七）、スミエさん（五八）の

漁船「勝豊丸」は、フルスピードで三〇分走り、広い空と海の中に静かに浮かぶ細長い由利島に着いた。

海は二神よりさらに碧い。さざ波の音、風の音、小島のさえずりも聞こえない離れ小島の静寂。すがすがしい冷気が漂う。ここが宮本常一が書き残す由利島かと思うと、全身に鳥肌がたった。

円錐形の大由利と小由利二つの島を砂州が結ぶ。ひょうたん形をした島の周囲は五キロ、地図の上では豆粒ほどに小さい。小由利の池のように小さな港から弥生式土器の破片が多く掘り出された。港からつづく砂州を渡ると、ミカン山の大由利である。

一三世紀初め、千軒の家が地震で沈んだ「ゆり込」伝説。寺床、長者屋敷などの地名が残るあ

たりに、礎石らしい人の手が入った正方形や長方形の石が草むして転がる。日本昔話「お舟に申し」も伝わる。戦前戦後も二〇世帯前後の半農半漁の暮しが営まれていた。

「ここは農家とイワシ網の人が住んでいた明神部落です。明神社もあってね、津和地島から神主さんを呼んで由利の人だけでお祀りしていたんですよ。

由利にはここ明神と、北に大谷、東に砂浜という三つの部落があったんですよ。部落といっても数軒ずつの農家が住んでいたぎりですよ。イリコ干したんはこの明神の浜よのぅ」

「ほら、あの杉木立の右に…」

スミエさんはこれから上がるミカン畑を指さす。物珍しくてあちこちを見まわる私を、スミエさんは立ち止まって待ってくれている。中村さんを追いかけようと足を速めると、「かまわんかまわん。今日は遊びじゃけぇ」と止める。

好意に甘えて、由利を案内してもらうことにした。それは先にミカン山へ上がった中村さんも承知していることだと言う。

大由利で唯一の平らな明神地区。草原のスネまで伸びる茅を踏み分け、足で払うと、ところどころにイワシをゆがいたレンガの釜場跡、背後にくずれかかるイワシ倉庫跡が姿を見せる。ツル草におおわれた廃屋のはがれた板壁の継ぎ目から中を覗いて見ると、積もり積もったホコリと枯草のすえた臭いがムッと鼻をつく。目が暗さに馴れると、部屋の隅に竹かごやむしろ、イリコ作りの道具が束ねて置いてある。

整理整頓された道具に、いつかまたここで暮したいとの思いが込められている。由利のイワシ網・イリコ作りがよほど楽しかったのだろう。宮本常一が由利へ来たのは昭和三四年だから、私が見たのは二五年後の島共和国の跡形であった。

木戸を開けっぱなしの農家には、縁の下に薪束、台所の土間にすすけたオクドさん、火消しつぼ、水がめ、戸棚にお茶碗、湯呑みが見える。これは廃屋ではない。廃屋といえば、家の中はクモが巣をかけ、部屋は散乱し、畑は荒れ放題だ。

「今も、通い耕作の人がね、忙しいときにここに寝泊まりして、夜明けに畑へ上がるんですよ」

二神漁業組合の競売で買った地権者三〇人のうち一〇戸が、ミカンの通い耕作をしている。

「ここはね、海軍の発電所があったところです。簡易水道の施設もあったんですよ。戦時中、海軍の見張り所があったんですよ。この道を右へ上がっていくと、島の東側の砂浜という部落へ出るんですよ。海軍がこさえた千鳥道（ジグザグの兵隊道）ですよ。辻っこ（山頂）に探照灯と聴音機があったんですよ。近いですから行ってみますか。それにうちの畑は兵舎跡なんですよ」

スミエさんが手短かに由利島の来歴を説明してくれる。

ヤブ蚊の襲撃に備えて、蚊取り線香を腰にぶら下げてもらい、いざ畑へ上がる。夫婦のミカン畑は山頂に近い。木につかまっていないとズリ落ちる平均斜度四〇度という急傾斜の段々畑と比較的平らなところに広がり、五、六分に色づいた温州ミカンと、まだ青いソフトボールほどの伊予柑がなっていた。「さあさあ」とすすめられて、ミカンを口に含むと、甘酸っぱい新鮮な果汁がじゅわーっと、乾いたのどをうるおした。

標高一九四メートルの由利山頂から三六〇度の眺望。愛媛、広島、山口、三県境の島々が望める。北に二神島、周防大島《すおうおおしま》（山口県）、倉橋島《くらはしじま》（広島県）の山向こうの呉、広島はあのあたりか。西に平郡島《へいぐんとう》、八島《やしま》、祝島、周防灘。東に松山、低い山並が伸びる佐田岬半島、海をへだてたその先は佐賀関《さがのせき》半島（大分県）だ。

K.KURAKAKE

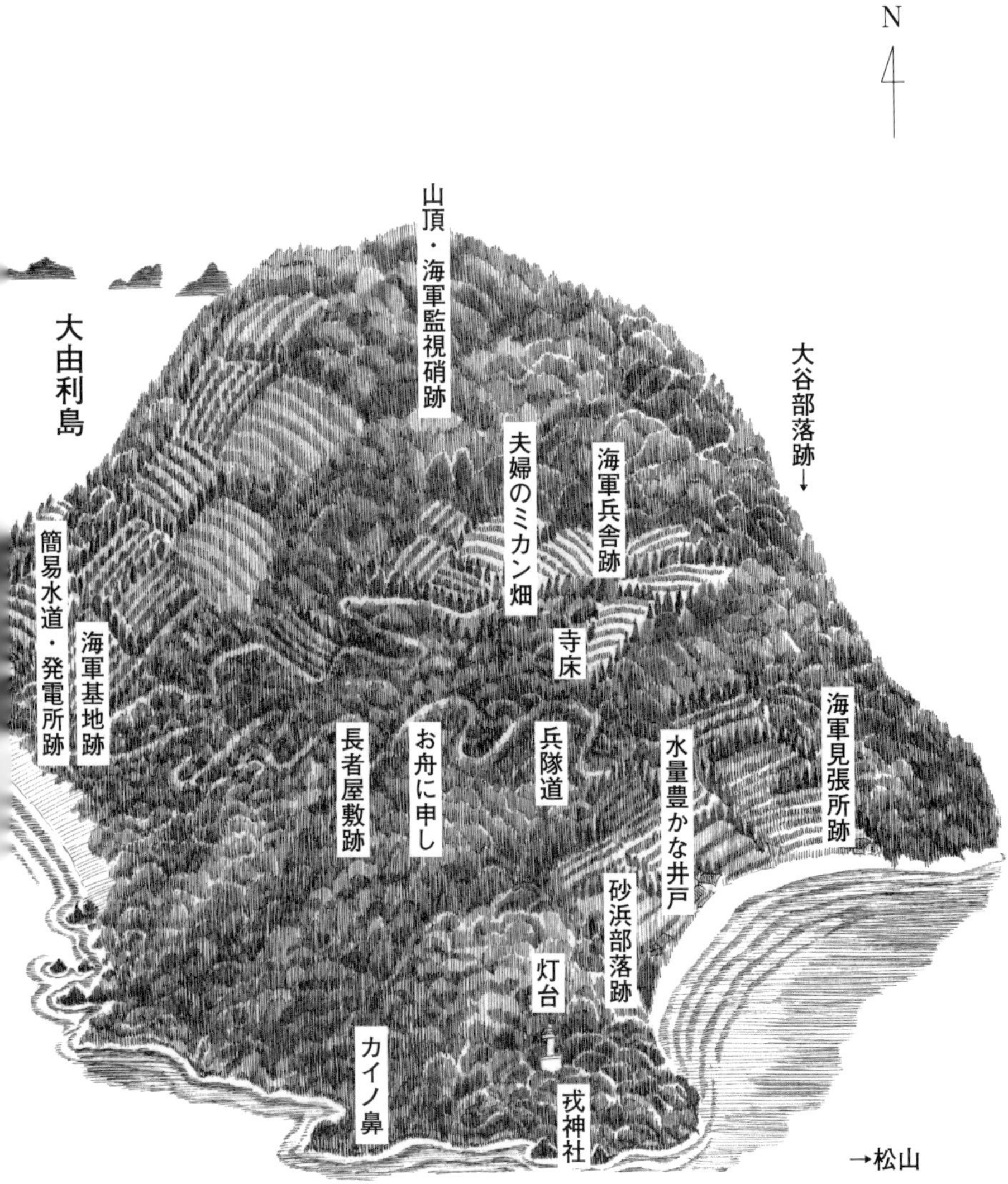
N
山頂・海軍監視硝跡
大由利島
大谷部落跡↓
夫婦のミカン畑
海軍兵舎跡
簡易水道・発電所跡
海軍基地跡
寺床
海軍見張所跡
長者屋敷跡
お舟に申し
兵隊道
水量豊かな井戸
砂浜部落跡
灯台
カイノ鼻
戎神社
→松山

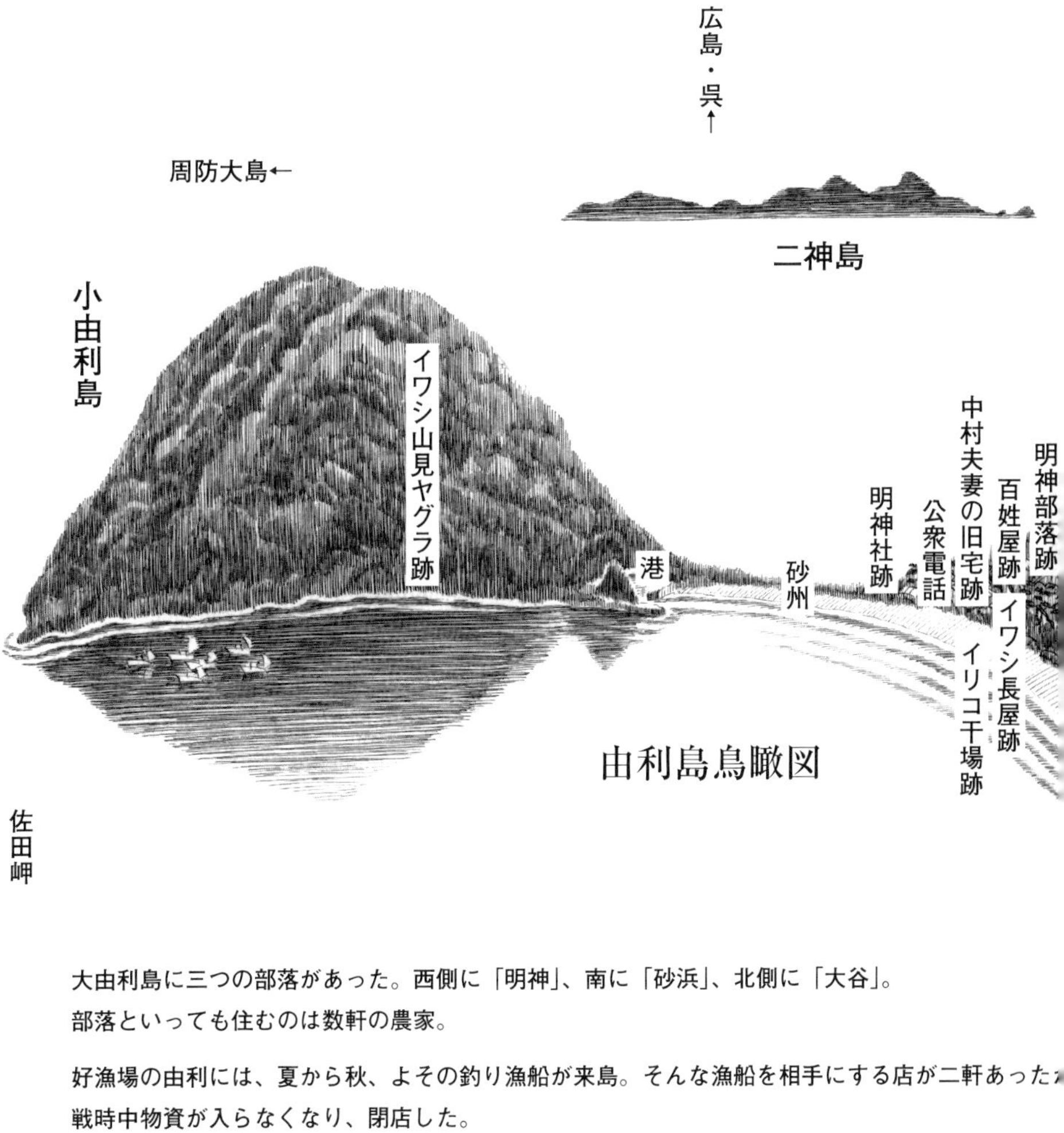

由利島鳥瞰図

大由利島に三つの部落があった。西側に「明神」、南に「砂浜」、北側に「大谷」。
部落といっても住むのは数軒の農家。

好漁場の由利には、夏から秋、よその釣り漁船が来島。そんな漁船を相手にする店が二軒あった
戦時中物資が入らなくなり、閉店した。

由利島最後の定住者

見通しのきくところで夫婦と車座になり、弁当をよばれながら、由利島のことや暮しの話を聞く。夫婦は、ミカン耕作とタコツボ漁の兼業の暮し。由利と二神あわせて一町二反（約一・二ヘクタール）の畑に、由利で温州二〇〇株、伊予柑とネーブル三〇〇株、二神で伊予柑三〇〇株、温州三〇株を栽培している。中島町内では中規模農家だ。一人娘の専業主婦K子さんとその子、二神小学校四年生Tちゃん、三年生Mちゃん、保育園児H君の六人家族。

「ほうよのぅ、ミカンこさえて三〇年ちょっとになろうか。結婚して、間なしにここを開墾しちゃんよぅ」とスミエさんが言う。

中村さんはお茶を飲みほすと、先に畑へ下りた。

「あのなぁ、私は由利育ちよぅ。小娘時分からずっとよのぅ、由利は離れ小島、貧乏人の行くところと、見下げる人もおるけど、由利へはいろんな人が上がってきたんよぅ。二神でおったんではわからんことがようけあったんじゃけぇ。いろいろに忘れられん思い出があるんよな。私らは一〇年ぐらい前まで由利に住んでいたんですよ」

文献によると、由利は昭和四〇（一九六五）年、無人島になったとある。だがスミエさんはその一〇年後の昭和五〇年頃まで夫婦だけで暮したと言う。夫婦は由利最後の定住島人だ。

スミエさんは弁当をかたづけ、ミカンを摘むハサミをさした太い皮ベルトを腰に締め直して、畑へ下りた。眼下の碧い海には音もなく白い航跡をひく船。チョキチョキ、ミカンを摘み取る音、のどかな秋の昼下がり、分刻みの都会の生活をしばし忘れる。

「おーい、今日どうしても帰らにゃいかんのかい」

姿は見えないが、下の畑の中村さんから突然呼びかけられて、返事に困る。今回の旅は、個展の絵を描くために松山沖の忽那諸島を歩き、明日は佐田岬へ。スケジュールにまったく余裕がなかった。

「おうおう、そうかい、出直すかい。いつ来てもかまわんのぞ。話はいっぱいあるんじゃけぇのう」

中村さんに再会を約束して二神を離れる。

中村夫婦とは今日が二度目の対面だが、夫婦はそんなことはおかまいなしで、「あんなぁ……」。まるで以前からの知り合いであるかのように自然体で接してくれた。

望んでも望めない運命的な出会い。縁があったということだ。夫婦の人柄に魅せられて濃密に三年、さらに足かけ十年取材。二神、由利を訪ね、ミカン山で、漁に出た船の上で、こたつの中で、ちょっと昔の昭和時代の人生をじっくり聞いた。夜話は露地奥の夫婦の自宅四畳半の居間で。

話は終始スミエさんがリードした。スミエさんは柔らかな二神の方言でよどみなく話し、優しい目で私にほほ笑む。

「おじいさんは昔人間じゃから、ペチャクチャしゃべらんよぅ」

そのとおりであったが、「なぁ、おじいさん」と話しかけられると、中村さんは相槌を打つ。無愛想でも寡黙でもない。暮し向きのことや台所のことは、男は誰でも勝手知らず、うといものだ。中村さんはタコや海の話になると、がぜん雄弁、熱が入り、午前様になることもあった。

夫婦は下戸。それに何かを食べながら話したことはない。それでも興にのれば、夫婦は自分を飾らず、さらけ出して本音で話をしてくれた。私も喉が渇けば番茶をよばれるか、持参の缶コーヒーを飲むぐらいのことですませた。

スミエさん

「おばあさんの小娘時分のことが知りたいちゅうとったんよのぅ、えぇ」

スミエさんはホームこたつにペタンと座り、頬杖をついて、ゆっくり話をきりだした。

「私は二神、由利ぎりよぅ。外へ出たことがないわい。小娘のときはなぁ、家の手伝い仕事よぅ。小学校三年生時分、母親と姉は由利じゃったけぇ、私が弟の母親代わりよぅ。飯炊いて、おしめ替えて、赤ん坊おぶって、両手に弟の手を引いて、子守りしちょったんよぅ。赤ん坊が泣いたら廊下に出されたんよぅ。学校に行けなんだこともあったんで、辛かったわい。

私はいっぺんも「ぶんぶ」（＝海水浴）ができなんだんよぅ、島のぐるりが海じゃけど、私は泳げんのよぅ。真冬の晩は父親のイサリ漁の手伝い、体が芯まで冷えてガタガタ震えたわい。

小娘は年中「山行《やまこ》」よぅ。タキギ集めよぅ、テンビ（がんじき）で松葉を掻いてよのぅ。晩に大風が吹いて落ちたんは、どこの山でも自由に拾えたんでなぁ。あの窪地、あの吹き溜まりにようけあるとみんな知っとるけぇ、夜が明ける前から山に入って、ヤイヤイ言うて、取りやいっこして、おもしろかったんじゃけぇ。辛いことぎりじゃない、楽しいこともあったけぇなぁ。松の割木や松葉は、菊間の瓦屋の燃料に売ったりもしたんよぅ」

スミエさんは熱い番茶をすすった。

「小学校を出るとすぅぐに母親と姉と入れ替わりに由利へ行ったんよぅ。ずっと母親と離れ離れじゃったけぇ、そぅら寂しかったわい。春は麦の中打ち、畑の修理、除虫菊の草抜き。五月は麦刈り、菊の花をもいで。六月は芋植えて、七月は芋の畑の修理。八月は……。一二月から四月頃までは開墾。ホレ、由利のうちの畑の北に畑があったろぅ。あれが父親の畑よぅ。今は私の弟がミカンを作っとるんじゃけど。あの畑は父親と二人で寝泊まりして開墾したんよぅ。じゃけど、父親は胃腸が弱いんで弁当は雑炊、それでは力が入らん。そんで私が中心になって、五、六人の人夫を使うてやっちゃんよぅ。

その時分、晩に二神で青年学校があったんで、それに行きとうて、一人で伝馬船を漕いで行きよったら、すぅぐに父親に連れ戻されたんよぅ。小学校にもろくに通えん、青年学校にも行けんかったんでな。小娘のときと同じに、ほんとうに寂しい思いをしたんよぅ。じゃけど、その時分私だけじゃない、二神の小娘も娘もみんな、辛いめしちょったわい」

スミエさんはもっと本を読みたかったし、勉強がしたかった。村全体で楽しめる行事はいくらでもあったが、若者共通の話題、悩みを同じ年頃の者どうしで話したかった。ワイワイガヤガヤ楽しめるのは、二神の青年学校や青年団の寄合だけ。

由利でイワシ網が終わると、みんな二神へ引き上げた。残された農家の若者は、島流しにされたようで人恋しかった。

「そうよのぅ。由利にくくられてしもたわい。辛いことが多かったわい」

家事は親の言いなり、土曜、日曜だからといって仕事に休みはなかった。

中村勝美さん

「おじいさんはなぁ。小若い衆の時分から、やんちゃじゃったんよなぁ。ガキ大将でブイブイ言うちょったんよぅ。負けん気が強いんは小若い衆時分からよのぅ。晩のおかずの魚を釣ってこいと言われてもよの。飽いたらポイッとほうり出しても、怒られやぁせんけぇ、毎日浜で三角ベースの野球をして遊ぶぎりよのぅ。貧乏人のボンボンよぅ。出稼ぎしちょったんは二十歳頃じゃったんかいのぅ」

「おうおう。わしゃ、一五から叔父の船で夏はタコツボ漁を習得しもってよの、芋を掘り終わった一一月の末から神戸・御影の樽店に三ヵ月住み込み、酒樽こさえたんじゃがい。次は、灘の白鶴酒造でトラックの運転手よの。酒ビン積んで伏見、明石、江井ヶ島へも走ったんぞ。そんで春のイカナゴすくいに間に合うように戻ってきたんよの。さあ、四、五年行ったんよのう」

「おじいさん。神戸はいろいろおもしろいことがあったろぅ、えぇ。花札覚えたんはその時分じゃなかったんかいのぅ」

そう言われて、中村さんは苦笑いする。

陽気な性格の中村さんは、出稼ぎ先のハイカラ神戸の流行を身につけ、長髪にポマードをつけて髪を分けたり、オールバックにして、香料の匂いをプンプンさせて、中折れ帽やカンカン帽をかぶり、まるで旦那衆か映画スター気取りで揚揚と帰島した。その姿を島の人は憧れ半分の気持ちを抱きながらも、「あのトッパが」「かぶれもんが」と眉をひそめた。

中村さんは人の目や陰口、何を言われても気にしない行動力とガッツがあり、「わしは、お国のために出稼ぎしとるんじゃ。どこが悪いんじゃ」と意に介さなかった。

二〇〇人以上いた青年団からの除名騒動が起こる。だが、中村さんは村の中で地位が高かった。五つある部落の二つを押さえるガキ大将。腕力、知力にたけて弁もたち、漁の腕前にしても同世代の者はまったく歯がたたなかった。

中村さんは好奇心旺盛、何でもやってみようという、やる気満々の若者。型にはめられるのを嫌った。一生懸命働いていても、二神の人からは遊び人かヤクザもんに見られて悪く思われた。

瀬戸内の片田舎とヨーロッパ文化の窓口神戸とでは、ものの考え方や生活風俗がまるで違っていた。島では新聞すら日常的なものではなかった。中には島から一歩も出たことがない、外の世界をまったく知らない人もいた。

中村さんは大人びていて、青年団を飛び越えてもっぱら大人とつきあっていた。紙巻タバコをくわえていっぱしのバクチ打ちを気取って、三津浜の黒田親分の賭場に出入りした。島ではこれといった娯楽がなく、単調な生活。開放的で華やかな大都会神戸のカラッと明るい空気を胸いっぱい吸いこんだ中村さんは、村の生活が退屈で体をもて余していた。

「あんなぁ、言うちゃろか。おじいさんは金儲けもうまいけど、使うんもうまいんでなぁ。おじいさんは「ひょうたんウナギ」よぅ。ひょうたんでウナギを押さえよう思うたち、ウナギがツルッル体をくねらせるけぇ、押さえられまい。ひょうたんウナギ。おじいさんは体をかわすんがうまいんよな。ああやこうや言うて、大人を手こずらせよったわい」

中村さんは何かと理由をつけては「ひょうたんウナギ」の本領を発揮して、神戸一の歓楽街・新開地「ええとこ、ええとこ聚楽館」で流行の映画や演劇を大いに楽しんだ。途中下車して今治泊り。三津浜まで戻りながら、二神行きの定期船に乗らずに、三津浜泊りを繰り返す。

「稼いだお金はひとっつも身につかんで、じぇーんぶ使うたんよなぁ。そんでもなぁ、おじいさんは筋の通らんことはせんかったわい。仕事は仕事、遊びは遊びと割り切っちょって、遊びも人一倍なら、働くことも人一倍。仕事をすっぽかしたりはせんかったわい」

スミエさんは中村さんの気性にぞっこん、ほれこんでいた。

結婚

中村さんは呉海軍工廠に徴用されていた。終戦まぎわの六月二二日に呉市警固屋《けごや》空襲の直撃弾を受けて妻を失い、終戦のその日か翌日に二神へ帰島した。

スミエさんは、父親が決めた同じ村の嫁ぎ先で肺病を患い、実家に戻っていた。

中村さん（三一）、スミエさん（二四）は仲に入る人がいて、昭和二三（一九四八）年に再婚。結婚式は挙げずに、由利島で新所帯を持った。

二人は幼馴染。スミエさんは一〇銭持って、タバコを買いに走らされて、三銭のお釣りをもらっていた。まさかそんな間柄の人と結婚するとは思いもつかなかった、と言う。

「明神の農家、島田孝造さんの離れ三畳一間を借りてよのぅ。神戸におったおじいさんの姉さんからお金を借りて、三五、六万の中古船買うて、道具代は漁業組合から借りてよのぅ。畑はせずくに、タコツボ一本でやっちゃんよぅ。五月半ばから八月半ばまでツボやって、秋はヤズ（ハマチの若魚）釣ってよのぅ。貧乏じゃったけど、暮らしにいるもん何ちゃ困らんかったわい。

うちはタコぎりじゃけぇ、食べるもんはみな買うたちが。米は北条から、ワラは三津（浜）へタコを持っていったら、船いっぱいなんぼでももらえたし、船の油も松山の丸善石油からドラム缶二、三本いつでも買えたんよぅ。おじいさんにツテがあったけぇのぅ」

スミエさんは好きな中村さんに甘えられて楽しい楽しい。由利で暮せることがうれしかった。

第2章　島の暮し

由利の献立

「今日は、おばあさんと食べるもんの話しょうわい。かまわんかい。

食べるもんは戦前も戦後もつい（同じ）よう。芋と麦ご飯ぎりよう。ウチは七人家族、百姓じゃったけぇ、食事は日に四回じゃったんよう。夜明けから日が暮れて手元が見えんようになるまで畑しよったけぇ。朝は六時に芋と麦ご飯一杯。弁当は一〇時半頃で麦ご飯に菜っ葉の煮つけ。そんで三時頃に小昼よう、ひと休みしょうわい言うてよの、蒸し芋かカンコロ団子。晩は八時か九時頃で、麦ご飯に味噌汁、漬物よのう。

冬はなぁ、小麦団子を混ぜたおじや、芋がゆ、麦飯に里芋の煮つけと目刺しよのう。けど、たいがい蒸し芋ぎりですませることが多かったんよなぁ。由利は何をこさえてもようできるんでな、畑は一時たりとも遊ばせんかったわい。味噌も醤油もこさえたけぇのう。食べるもんは自給自足よう。除虫菊やら玉ネギ、芋もでんぷん用に出荷したんよう」

台所の話に男はまったく口をはさめない。スミエさんの一人語りだ。中村さんは壁に背中をもたれかけ、腕組みして目をつぶっている。

「芋はな、一〇、一一月に掘って二、三日陰干しにして、ワラでこさえた収穫物の入れもん（＝ホゴ）

に入れて、床下の芋ツボか畑に伏せて保存してよのぅ。生芋のある一一月から六月の間は蒸したり、焼いたり、麦といっしょに炊いたりよぅ。生芋が切れる七、八月は、梅雨の晴れ間に生芋を切って干しておいたカンコロをつなぎにしよったんよぅ。粉にしてお団子にしたりもしたわい。そんで九月の半ばになると新芋を蒸したんよな。

　麦は五月に取り入れ、二神へ持って帰って、コギバシで麦こぎ、ムシロに穂を広げて乾燥さして唐棹《からさお》で叩いてバラバラにして、唐箕《とうみ》を使うて実だけ取って、二〇日からひと月ほど乾燥して俵に詰めたり、大きな丸い缶に入れて保存してよの。

　裸麦は石粉を入れて台ガラで搗いて、へしゃげてから炊いたんよなぁ。丸麦は石臼に水を入れて、搗いたのを乾燥して二度炊きよぅ、ひっくり返したときに米を入れることもあったわい。麦一升に米二合のご飯じゃったら上等よぅ。赤ん坊にだけ、ひと握りの「握り飯」（米）をしよったわい」

大麦を粉にして砂糖と水を入れてグルグルかき混ぜた、はったい粉は子どものおやつにした。

「魚は贅沢品よぅ。父親は、ランプ灯して箱メガネを覗いてサザエやナマコをヤスで突いて取る「夜イサリ」しよったけどが、取った魚はじぇーんぶ三津の魚市に売りに出したり、呉の海軍工廠へ持って行きよったけぇ。魚はたーんまに自分で取って食べるぐらいのことよのぅ。イワシ網に混じるサバやアジ子をおかずにしたんよぅ」

魚は貴重な現金収入。漁師の家でも口にできたのは、売れ残りや雑魚のはんぱものだけだった。

「けど、由利は磯がええけぇ、海に入ったらいろいろのもんが取れたんよぅ。二月は藻の口開け（解禁）よぅ。百姓総出でホンダワラを刈り取って畑の肥しに。お彼岸を過ぎた三月の終わりから夏にかけて、ワカメ、アオサ、海ソウメン、ヒジキ、テングサ、つぎつぎ口開けよな。

そんで、バフンウニ、赤ウニ、紫ウニよぅ。アサリとトコブシ、瀬戸貝はいつでも取ってかまわんかったけぇのぅ。小粒でまん丸いカキが、磯にビッシリ張りついちょったんでな、一〇月から三月頃まで、よう潮が引く大潮どきに、毎日カキ打ちしたんよのぅ」

カキは業者が買いに来たり、スミエさんも三津へ持って行って小遣い稼ぎをしたと言う。

「アオサ、フノリ、テングサは漁業組合から出荷もしたけどが、由利はお金儲けの道（イリコ）があるけぇ、売る気がない。アルバイトみたいなもんよぅ。どれも家で食べるもんよぅ。山へ行ったら、ツワブキ、イタドリ、ユリ根……、海も山も季節ごとにいろんなもんが取れるけぇ、子どものおやつをこさえたり、保存食にしたり、いろいろに工夫したんよぅ。

イリコは天日干しじゃったけぇ、旨かったんよのな。ダシとおかずに、よう食べたんよぅ。味噌につけるぎりやら、田作りや味醂干しにしたりよのぅ。由利は食べるもん何ちゃ困らんかった言うたことがわかろう。由利ででけなんだんは、米とレンコンぐらいのもんよぅ。

芋、麦、食べるもんあったけぇ、ひとっつもひもじいめはせんかったわい。

へいぜいは粗末なもん食べちょったけどがなぁ。季節の変わりめやら、漁や畑仕事の節目や、月々の「コモンビ」「シキワビ」とも言う祭事が多かったけぇ、そんときは変わりもん（ご馳走）食べたんよぅ。米飯、赤飯、餅、寿司、うどん、それにオハギ、お団子もこさえたんよぅ。餅はふつうの白餅と粟やキビやので一、二俵（一俵は六〇キログラム）ついて長いことあったけぇ、瓶に水を張って寒餅にして保存したんよぅ。

「コモンビ」とは別で、家を建てたり、「船下ろし」（新造船）すっと、大工ふるまい。婚礼、出産、全快祝いやら。そんでお団子こさえて友だちと誘いおうて、お月見したりよのぅ」

食べ物の話は人を幸せな気分にする。中村さんは軽い寝息をたてていた。

やりっこ

瀬戸内の離島には、「相互扶助」助け合いのこころが色濃く残っている。

「二神はなぁ、人にあげたりもろたり「やりっこ」すんのよぅ。あんなぁ、よその畑にスイカやカボチャ何でもええもん見つけたらよの。畑の持ち主に、あのスイカはうまげによう実ったのぅ。あのカボチャはおいしげなぁ、言うてよの。持ち主の労をねぎろうて褒めるんよのぅ。ほんなら、「ほうよ、ようなっとろう。おじいさんに食べさせせんかい」言うてよの、喜んで分けてくれるんよぅ。

人が喜んでくれるとな、来年も畑の実りが豊かになろぅ。農家は畑のもんを、漁師は魚を配るんよのぅ。みんなあげたりもろたりの「やりっこ」じゃけぇ、何の遠慮もいりゃせんのよぅ。ずっと昔からのしきたりよぅ。

二神の人はなぁ、魚、干物、煮干し、ワカメやヒジキじゃのの海藻、ミカン、野菜じゃの、家でこさえた味噌、ジャム、ウニ、何じゃらかんじゃら季節のもん、それこそいっぱい送りよらい。そ

れが楽しみで、仕事に精を出しちょんのよぅ。二神は人の出入りより、送る荷の方が多いけぇなぁ、おじいさん」

「おうおう。人の喜ぶ顔がうれしいけぇ、すんのよのう。わしゃ、毎年の盆によの、二神全戸にタコを配ってじゃな。冬はミカンを一五〇箱送っとるんよのう。さぁ、三〇年になる人もおるぞ」

「あのなぁ、二神の人は、島ぎりで外へはよう行かんけぇ、デンデン虫じゃ。殻の中に閉じこもっちょる。野忽那《のぐつな》、睦月島《むづきじま》は、百姓もしもって、呉服の行商「島売り」してきたけぇ、金持ちが多いんよぅ」

中島町内の野忽那島、睦月島の夫婦は、伊予絣などの呉服を仕入れて、瀬戸内、九州方面へ船行商した。京都の高級呉服を車で北海道に運んで売る。行った先で店を構えた人もいる、と『中島町誌』にある。

「野忽那、睦月の人は、ワカメじゃのヒジキも松山へ持って行って売るし、金儲けがうまいんよぅ。二神の人はな、日頃食べるもん何ちゃ困っとらんけぇ、何やらも売らんのよな。そんな面倒くさいことせんと、のんびりしちょんのよぅ。その方がよかろぅ」

この日も渡海船長盛丸は、島の産物を満載して三津浜へ向かった。渡海船は朝二神発、三津浜へ一往復。定期船より朝が早いので、通院にも便利だ。三津浜から食料品、プロパンなど生活用品を二神へ運んでくる。定期船よりずっと昔からある買い物も頼める島の便利屋さんである。

イワシ網・イリコ作り

『中島町誌』によると、由利のイワシ網・イリコ作りは昭和四（一九二九）年から始まり、戦争末期空襲の合間もつづき、戦後も活況を呈したとある。スミエさんは小娘のときからイリコ作りに参加していた。

「イワシ網・イリコ作りは、戦後も二神漁業組合自営部と二神島民の共同経営よのぅ。島民は男女合わせて三〇人が一組になって、全部で四つの組をこさえて、イリコを作ったんよぅ。漁期は毎年七月半ばから九月の終わりまでの七〇日間を「一楽《いちらく》」と言うてよの、組合と島民の歩合は四分六、その年によってちごたんじゃけど、賃は男衆《おとこし》が一人前、女子衆《おなごし》が八分、子どもは駄賃がもらえたんよのぅ。

そんで「一楽」を終わって秋漁すっときの賃は、また別よのぅ。イワシ網の操業、イリコの製造販売の経費やら生活費をさっぴいた出来高払いよぅ。

イワシ網の一日の始まりは、総員起こしの合図のラッパの音で起こされたんよな。戦前はほら貝吹きよったわい。東の空が白み始める午前四時頃よのぅ。みんな寝ぼけ眼で浜へ飛び出しちゃんよぅ。集合に間に合わなんだら、その日の賃はもらえんけぇのぅ。

イワシは巾着網と地引網で取っちゃんよぅ。雨降り時（梅雨）は潮順がようて、大漁つづきよぅ。朝起き抜けに取ることを「朝まじめ」、昼間を「日まじめ」、それに「夕まじめ」「夜まじめ」言うて、イワシがおったら何べんでも取りに行きよったけぇのぅ。

見晴らしのきく小由利の櫓に、イワシを探す山見の者がおってよの。イワシの群れを見つけたら、すぅぐに方角やら場所やらを手旗で知らせてくるんよの。晩は懐中電灯を振って合図したけぇ、合図を受けたら男衆は一斉に船を漕ぎ出しちょったわい」

参加していた中村さんは、重たい巾着網を引き上げる力自慢の胴打ちをしていた。

「イリコ作るんは女子衆の仕事じゃけぇ。浜へ出たら一番に釜立ての支度よの。イワシをいつからでもゆがけるように、釜場を掃除、焚き付けの薪束やらイワシをゆがくザル、桶に水を張って釜場に運んどくんよぅ。

そんでから、前の日に干して倉庫にしもちょったイリコを出して、二、三時間ぐらい干すんよの。イリコは熱気があると腐るけぇのぅ。日の当たる前の涼しい風で冷まして、完成品にしてから倉庫に取り込んだんよぅ。女子衆は、その合間に朝ご飯の支度やら、赤ん坊の世話をしちょったわい。

大漁がつづいたらなぁ、もうてんてこ舞いよぅ。沖から取って帰る男衆から「釜立てぇ！」と声がかかったら、すぅぐにオクドに薪をくべちょいて、船が浜に着いたら総出でイワシを釜場へ上げたんよぅ。イリコのできはイワシの鮮

度が一番大事じゃけぇ。大漁どきは干場もムシロ、ザルもみんな取りやいっこよぅ。よその組より、ちぃとでもええもんこさえようやい、ちぃとでも楽して、早う作ろうわい言うてよの。ご飯食べる間、お茶を一服飲む間を惜しんで、浜へ出たんよぅ。

そんで、よぉーし、いっちょやっちゃろわい。スミ姉には負けとれんわい、言いやいっこしてよの。肩にザル五〇枚やら薪の大束、イワシでずっしり重たい二杯ザルを担いで浜を走りまわっちゃんよなぁ。どうじゃ、うちにはかなわんじゃろう言うて、男顔負けの力比べをしちょっちゃわい。

よその組には負けとれんでぇ、うちも頑張ろうやい言うて、張り合いを持っとったけぇなぁ。じゃけど、今日は日曜じゃの雨降りじゃの言うて、休むということはなかったけぇなぁ、体はえらかったわい。けど、おもしろかったわい。

漁業組合が重油焚きの自家発電をしてな。ラジオの放送をスピーカーで流してくれて、ニュースやら歌謡曲を聞きながら仕事がでけたんで、能率が上がったんよぅ。生活物資や食料品は二神から組合が持って来たけぇ、なんちゃ困らんかったけどが、すぅぐに井戸が枯れてしもたんで、困ったんよぅ。

大勢の人が共同で使うんじゃけぇ、溜まるひまがなかったんよぅ。じゃから、夜中でも家の外から「水が溜まっとらい」と声がしたら、汲みに走って、釣瓶をガラガラいわして井戸の底をさらうようにして、ひしゃく一杯の水も汲んだんじゃけぇ。

明神の井戸のうち二本が飲み水用じゃったんじゃが、大潮になると海水が混じって塩辛うて飲めなんだわい。もう一本は海軍が掘ったんじゃけど塩辛かったんで風呂、洗濯に使うちゃんよぅ。とうとう井戸が枯れたらよのぅ、伝馬船漕いで東の砂浜部落へ水汲みよのぅ」

砂浜の井戸は海軍が大きくして、島人と共同利用していたが、水が枯れることがなかった。砂浜の井戸のおかげで、みんなが助かった。

「イリコは三津浜、津和地、広島方面から業者が来て入札よぅ。商談が済んだら船に積み込むんじゃが、女子衆には、運ぶたんびに口にアメ玉をほぅりこんでくれよったわい。

それになぁ。干しとるイリコがムシロからこぼれ落ちちょると、小娘は拾てもかまわんかったけぇ。みんな小さなヒタミ（竹カゴ）に貯めちょいて、三津から島を巡って来ちょった行商船の果物、モモ、ナシじゃの好きなんと交換できたんよぅ。それが小娘時分の楽しみよぅ。うれしかったわい」

「イワシ網の人は長屋住まいよぅ。一部屋六畳ぐらいで、親子が押し合いへし合いしておったわい。その時分どこの家でも子どもが多かったけぇ、子が二、三人なら、おまんとこには子がおらんのかい言われよったんよぅ。

夏の瀬戸内の夕凪は宵の口にかけて風がピタリと止まり、ムシムシ暑い。

「そうじゃけぇ、夫婦もんは子どもの寝相を直してよの、伝馬船漕いで松原へ行きよったわい。松の枝から蚊帳を張って、伝馬船の中で寝よったんよぅ。そんなら波の音ぎりで静かじゃし、涼しかろぅ」

イワシ網は由利に行けば食べられるという魅力と、一つのことをみんなで力を合わせてする喜びがあった。男衆の「釜たて！」女衆の「あいよ！」。あ・うんの呼吸で仕事にかかり、ポンポン言い合いながら、女子衆は気心知れた者同士、ポンポン言い合いながらそれを楽しんでいた。

女子衆の楽しみ

「イワシの大漁どきはなぁ。男衆はお酒、女子衆はおはぎやうどん、変わりもんよのぅ。けど「コモンビ」言うてもよの、女子衆はハメをはずして楽しめんじゃろぅ。じゃけど女子衆にはの、男衆では真似のでけん楽しみがあったんよぅ。

二神の女はなぁ、オシャレじゃったんよぅ。隣の津和地《つわじ》、怒和島《ぬわじま》やとはスタイルがじぇんじぇん違ごちょったわい。よその仕事着いうたらふつうの襦袢に腰巻よのぅ。それに腰ヒモして前掛けしちょったんじゃけど、腰ヒモじゃとゆるんくるけぇ、胸がはだけてだらしなかろぅ。二神の女はそんなだらしのうにはせんかったんよぅ、帯をしめてシャキッとしとったんよぅ。日本手ぬぐいで姉さんかぶりをして、ちょっとええ姉さんの感じよぅ。わかるぅ、えぇ」

スミエさんは飲み込みの悪い私に苛立ち、身振り手振りを交えて説明。間違ったことを書かれたらいかん、徹底的に教えようと、繰り返しああやこうやと熱を入れてしゃべる。

女性にとって、オシャレはこの上ない自慢話。よそとは違う鼻高だからよけいにだ。

「それになぁ、一反で二枚の着物がこさえられるけぇ、仲のええ友だちと一反を二つに分けたんようぅ。そうすっと同じ柄のもん二枚やなしに、ちごたもんが楽しめろぅ。流行の色や柄をいっぺんに二枚楽しめるんじゃけぇ、よかろぅ。

夏の着物は浴衣に半巾の帯、ひと巾の前掛けよぅ。合いは伊予絣、冬は合わせよの。二神の女はオシャレを楽しんだけぇ、年がら年中、縫いもん針仕事しちょった。女の稼ぎはオシャレに消えてしもうたわい」

二神の女は合理的な考え方をして、ちょっとしたことにも気を使い、オシャレを楽しんだ。

「女は針仕事に追われとったけぇ、芋を入れる大きなホゴ、おひつや弁当を入れて背負うテボ、それに「足半《あしなか》」は家族が一年中、履く分をようけこさえんならんけぇ、男衆は秋から夜なべしてこさえちょったわい。「足半」はかかとの部分がない、まーるい感じのワラジよぅ。ふつうのワラジじゃと、かかとがあろぅ。じゃけどなぁ、畑でも海でも本当に仕事をするときは、爪先に力が入るんじゃけぇ、かかとは使わんのよなぁ。かかとがペタペタしたら仕事がしにくいんよぅ。

イワシ網のとき、足に包丁でもあるんかい言うてよの、男衆も女子衆も「足半」を一日で履きつぶしちょったんよなぁ。ワラは濡れたり乾いたりすっと、さくいけんなぁ。すーぐに鼻緒が切れよったわい」

困窮島の神話

「イワシ網の「一楽」を終わってみると、賃は秋祭りの娘の晴れ着一、二着分じゃったろうか。そんでもなぁ、二神の人は由利のイリコのおかげで、日干しにならんですんだんじゃけぇなぁ、ありがたいことよのぅ」

イリコは毎年、三キログラム入り袋で二万袋前後を製造、二神の大きな収入源だった。天日干しで格段に味がよかった愛媛のイリコは、人気があった。手軽なダシの素が出だしてから下火になったが、それまでイリコは贈答品に使われた。

「イワシ網が昭和三八（一九六三）年に中止になったんは、イワシが取れなんだ、不漁が原因じゃいうて『私の日本地図』ちゅう本に書いてあるんじゃが、そうじゃないんよなぁ。その時分、ミカンの相場が四、五年ぐらい前から天井知らずの勢いで、畑がじゃんじゃん開墾されたんよぅ。ミカンもイワシも夏が忙しいんじゃけぇ、両方はできんのよぅ」

「イワシよりミカンのほうが実入りがよかった。それに都会へ出て行く若者が増えて、働き手が少なくなった」とスミエさんは言う。

「どこの家でも家族が多かったんでよのぅ。食べるもんがようないんで、栄養が取れなんだり病気したりで、ようけの子どもが死によったんよなぁ。二神の畑だけでは食べていけんのでな、由利で畑したんよぅ」

スミエさんは自分が住む由利島のこと、周辺の出来事に関心を持っていた。

関西学院大学社会学部紀要（二〇一二）に掲載されている那須くらら氏の論文「困窮島という神話：愛媛県二神島／由利島の事例」によると、村の貧民救済制度や風習ではなく、全くの個人的な事情による「移住開拓民」と結論づけている。

第3章

島から見た戦争

海軍基地

「戦時中の由利のことが知りたいと言うちょったんよのぅ、えぇ」

スミエさんが片肘ついて、そんなら話しちゃろわいと、おもむろに話し始める。

「戦争は父と畑を開墾しちょるとき、えらいことじゃ、大ごとじゃちゅうて、そんで日本がアメリカと戦争をおっぱじめたことを知っちゃんよぅ。そんとき私は一七じゃったわい。戦時中いうたち由利は何ちゃ、変わりゃせんかった。毎日畑仕事よぅ、夏は朝んま、イモの畑の草ひいてから、浜へ出てイリコしちょった。いつもとつい（同じ）よぅ。

そんで昭和一八（一九四三）年の春頃、突然五、六〇人の人夫が明神部落へ上がってきたんよぅ。海軍の見張り所（監視哨）を建設するんじゃの言うてよ。私らも賃仕事に出たんよぅ、レンガやセメント五〇キロ担いで、日に何回も辻っこ（山頂）へ運びあげたんよの。

明神部落からちょっと上がった林の中に、重油焚き発電所と簡易水道施設をこさえて、うちの畑のとこに兵舎、辻っこに探照灯と見張り所、中腹から東側の砂浜部落へ下りるジグザグの兵隊道をこさえたんよぅ。

兵隊さんが来たんは夏頃じゃったろうか、鉄砲担いで三〇人ぐらいが上陸して来たんよの。石炭やら米やらの物資は呉から通船で持って来て、浜から兵舎へ担ぎ上げよったわい。監視哨はB29じゃのが飛んできたら、すーぐに呉へ知らせたんじゃろ思う。

そんで私ら娘も友だちと誘いおうて、蒸し芋やお団子、南京豆じゃの手土産を持って兵舎へよう遊びに行ったんよぅ。若い兵隊さんもおったけぇ、いろいろの話よのぅ。おもしろかったわい。通信兵はキリッとしてかっこうが良かったわい。兵隊になるなら通信兵じゃなと思ったわい。物々交換もしたんよぅ、監視硝から醤油やら何やらの調味料、砂糖、石鹸、タバコやらを。由利の人はイモ、ムギ、野菜をあげたんよぅ。

隊長さんがええ人でな、軍に内緒で部落に電線を引いてくれて、自家発電の電気を使わせてくれたんよぅ。家にパァッと電灯がついたときは明るいけぇ、そうら飛び上がるようにうれしかったわい。じゃけど由利に電灯がついたんは、後にも先にもそのときぎり（だけ）よぅ」

開けた瀬戸内。由利は夏の間、季節移住ではあるが、八〇所帯二五〇人からの人が住み、定住者もいたにも関わらず、電気が通っていなかったことを知り、驚いた。

「由利の空襲は、兵隊さんがおらんで（大声で）教えてくれちゃんじゃが。グラマンはすぅぐに辻っこをかすめるように来て、バリバリバリッと銃撃してからに、乗っちょる人の顔が見えたんじゃけぇのぅ。島の人は小由利の山裾へ避難して、息を詰めて見ちょったんよ。爆弾がさく裂して松並木が吹き飛ばされたり、イワシ倉庫が燃えたときはバケツリレーをして消したんよぅ。幸いなことに、人にはひとっつも当たらんで、たいした被害もなかったわい。

そんでもなぁ。監視哨の兵隊さんは、空襲のたんびに発電機止めて全員浜へ出て、寝ころびよったんで、応戦せんのんかいのぅ言うて島の人は笑うとったわい。

グラマンじゃのB29じゃのがブンブン飛んできたけぇ、おちおちしとれんかったわい。あれは昭和二〇年の五月じゃったろぅか、ものすごい数の飛行機が爆音をとどろかせて由利の上へ来て、二神の方へ飛んで行ったんよぅ。それはまんで大けな黒い雲のかたまりみたいで、由利がスッポリ入るようなかったわい」

スミエさんが目撃したのは呉を空襲したB29の大編隊だった。

「まんで花火を散らすように岩国が燃えるんが見えたんよぅ。あたりは真っ暗闇じゃのに岩国の空だけが赤うなって、焼夷弾を落とされるたんびに、線香花火のようにパッパッパッと炎が飛び散ったんよぅ。岩国が昼間より近う見えたんで、恐ろしかったわい」

「おじいさんはそん頃、呉の海軍工廠に行っとったんよのぅ」

「おう。わしゃ、徴用で終戦までよの、ウルメ小島で豆タン（特殊潜航艇）造っとったんじゃ。島をくりぬいた地下工場の電気部におったんぞ。修理中の戦艦大和にも乗ったんぞ」

スミエさんが心配した二神の様子は、当時を知る農家や船大工、漁師たちが、口ぐちに戦争の恐怖を話した。

「朝起きたらじゃな、床下のイモつぼに隠れるか、握り飯持って山の防空壕へ走り込むんじゃがい。仕事どころじゃなかったがい。わしら青年団員は火の見やぐらに駆け上がって、空襲警報の半鐘を打ったんぞ。命がけじゃったがいのう」

「そうじゃそうじゃ、命がけよう」

「おいおい、港へ避難してきた機帆船が攻撃されて、赤ん坊をかぼうて母親がかぶさったとこへ命中して、母親が死んだんよのう。島のみんなが泣いたがいのう。

定期船（三津浜〜呉）は空襲警報の間をぬうて、全速航海しよったんじゃが、機銃掃射で何人かが死んだんよの」

「そうじゃ、女、子どもまで撃ってからによのう」

「松山の空襲は恐ろしかったがいのう」

「そうじゃ、爆弾の火の雨よのぅ。空が赤うに焼けて、大ごとじゃったがいのう」

宿の女将さんも語った。

「八月六日の朝、いつものように握り飯を持って、山の防空壕へ急ぎよったら、何やらピカッと光ってあたりが明るうなったんよぅ。そんで立ち止まって海の方を見とったら、ドオーンと腹に響くような大けな音がして、ウワーン、ウワーン、ウワーンいうて、変な音が響いてきたんよぅ。

何じゃろか思うて見たら、倉橋島の北、広島の方の空に煙がドンドン立ち上がるんよぅ。そんでこりゃ、ただごとじゃないと思うとったら、下の部落から「広島に大けな爆弾が落ちたでぇー、外に出たらいかん」じゃの言うて、あっちの部落、こっちの浜で叫んじょったわい。

煙はまんで雲のかたまりみたいにモクモクと上がって、キノコのような格好になったんよのぅ。煙はだんだん薄うなっていったけどが、だいぶ長いこと見えとったわい。二神の人は広島に親戚がようけおったけぇ、心配したんよぅ」

広島へ安否確認に行った人から「原子爆弾」と知らされた。二神から広島まで直線距離で約六〇キロメートル、原爆の閃光は家の中にいてもハッキリわかったと言う。終戦前の数ヵ月、二神は中島町内で最も激しい空襲を受ける。

「由利で畑をしちょるとな、空から紙切れがいっぱい落ちてきたんよぅ。まんで雪が降るよに空が真っ白になって、山じゅうによのぅ「無条件降伏せえ」いうビラじゃったわい。戦争が終わったと知ったんは、監視哨の兵隊さんからじゃったと思う。

終戦のときはみんなと同じよぅ、そうら悔しかったわい。そんでもな、ああこれでもうあんな恐ろしいめに遭わんと思うとホッとしたと言う人、息子が戦死したからと言うて表で泣けんかったけどが、終戦で思いきり泣けたと言う人、息子が帰ってこんので悔し涙を流す人やら、思いはさまざまよのぅ。

おじいさんの仲良しはフィリピン、サイパン、私の同級生もようけ戦死したんよなぁ、二〇歳になるかならんでよの。これからいろんな人生があったじゃろうにのぅ。戦争はむごいんよぅ。何があっても戦争はじぇったいにしたらいかんよぅ」

スミエさんはかみしめるように言って、話をやめた。

戦後の暮し

「終戦後、二神は二五〇〇人おったんぞ」。中村さんが戦後の話を切り出した。

「そうよのぅ、三世代同居、一家に子どもが九人、一〇人ザラじゃったけぇ。小学生が三〇〇人おったんよぅ。疎開者や引き揚げ者じゃなしに、島の人だけで自然に多かったんよなぁ」。スミエさんが口を添えた。

戦後の混乱期、小さな島で大勢の人が平和に暮らしていくためと、島の復興、農・漁業組合の運営費を捻出するために、戦時中、軍に供出していた産物のタマネギとイリコを売りさばく、いわゆる「ヤミ物資」の横流しを計画。だが島の復興のためとはいえ、下手をすると手が後ろに回る。

その役目を誰も進んで引き受ける者がいないと知った中村さんは、「そんならわしが」と買って出る。船頭と若い衆、三人で乗り組み、手始めにタマネギを門司へ運ぶ。何度かうまくいって味をしめた。次はもっと儲けが大きいイリコを下関へ持って行く。目論見どおり大きな儲けに気をよくして、さらに強気になる。だが甘い汁はいつまでも吸えなかった。

「下関で警察が一斉取り締まり、注意、注意言うて、緊急無線が飛び込んできたんでの。こんなときの手はずどおりに、船を船頭の出身地竹島（山口県秋穂町）へかわしたんじゃがのう。陸に上がったとたんに懐中電灯で取り囲まれてよの」

大量のイリコは没収、組合の運搬船・備福丸は証拠品として差し押さえられる。

闇物資の横流しはイチかバチかの大バクチ。二神農・漁業組合は結局大損に。中村さんは、連行された下関での顛末はいっさい話さない。

中村さんは、何やらニヤニヤ笑いながら、「担ぎ屋」の話題にふった。

「冬場の小遣い稼ぎによの、神戸のツテを頼って鯛を専門に持って行ったんよう。鯛は周防大島（山口県屋代島）の安下庄《あげのしょう》の漁師が二神へ持って来た

んで、毎回二〇貫（七五キロ）を買うたんよの。あん当時、愛媛県の鯛一貫目の公定価格は一〇円五〇銭じゃったんじゃが、一〇銭高う買うてやったんよの。朝九時の定期船で三津へ出て、人夫を雇うて駅まで運んだよの。人夫の賃は三〇から五〇銭ぐらいじゃった」

国鉄三津浜（松山市）駅から予讃本線で高松へ、宇高連絡船で宇野へ渡り、山陽本線に乗り継いで神戸三ノ宮駅へ。

「着いたんは晩の一〇時での、駅の出札口を出た脇で売ってよの、一〇時半の汽車に飛び乗って戻ってきたんよのう。鯛は仕入れ値の七、八倍で売れてよの、月に一〇ぺん持って行ったこともあるのう。運賃は往復でも二〇円とはかかりゃせなんだと思うんじゃがの。新開地で泊まることもあったのう」

客は三宮の飲食店、魚屋。花隈の料亭、物のない時分だから、飛ぶように売れた。

「おじいさんは金儲けもうまいけど、使うんもうまいんでなぁ。鯛で儲けたお金はひとっつも身につかんで、じぇーんぶ使うたんよなぁ、おじいさん」

スミエさんに茶化されて、中村さんはバツが悪そうに肩をすぼめてヘラーッと照れ笑い。ここでも「ひょうたんウナギ」の本領を発揮していた。

第4章　タコを取る

名人の始まり

日本人はタコ好きが多い。だが、タコをどうやって取るのか関心がある人は少ない。タコツボを海底に沈めておくと、狭いところを好むタコが勝手にツボに入ると思いがちだが、そんなに簡単にタコは取れない。タコツボ漁は弥生時代からの伝統漁法。

瀬戸内海のタコは主にマダコとイイダコ。ボイルでなじみのマダコは梅雨の頃が旨い。小振りでイイ（卵のこと）が旨いイイダコは寒の頃が旬。タコを取る漁法はタコツボ、底曳網、釣り。二神・由利は夏場にマダコをツボで取る。漁師はタコツボ漁を「ツボ」と短く言う。

マダコの寿命は一年か一年半、二キログラムあるものでもせいぜい二年と短命。産卵期は五、六月と秋

九、一〇月末の二回。親は卵を産み落とすと三週間からひと月、エサを食べずに、つきっきりで子どもを育てるのでやせ細り、やがて死ぬ。
　卵から生まれた子ダコはしばらく海を漂い、やがて海底を這うようになる。一人前とは、約二〇〇グラム。八本の足は貝やカニ、硬い物を裂く。吸盤はエサの味がわかり、目は物の形や色を見分ける。共食い、淡水、雨水、寒さに弱いと言われている。

　潮流の速い海のタコは、必死で石や岩にへばりつく。タコツボは格好のマイホームになる。

　朝から夫婦の漁船に乗せてもらい、ツボ漁をつぶさに見て、昼は由利の畑へ上がって弁当。午後はまたタコを取る。夕方、宿でご飯を食べた後、夫婦の居間で夜話をする。

　常宿三階の部屋で涼しい夕風が心地よくてうとう

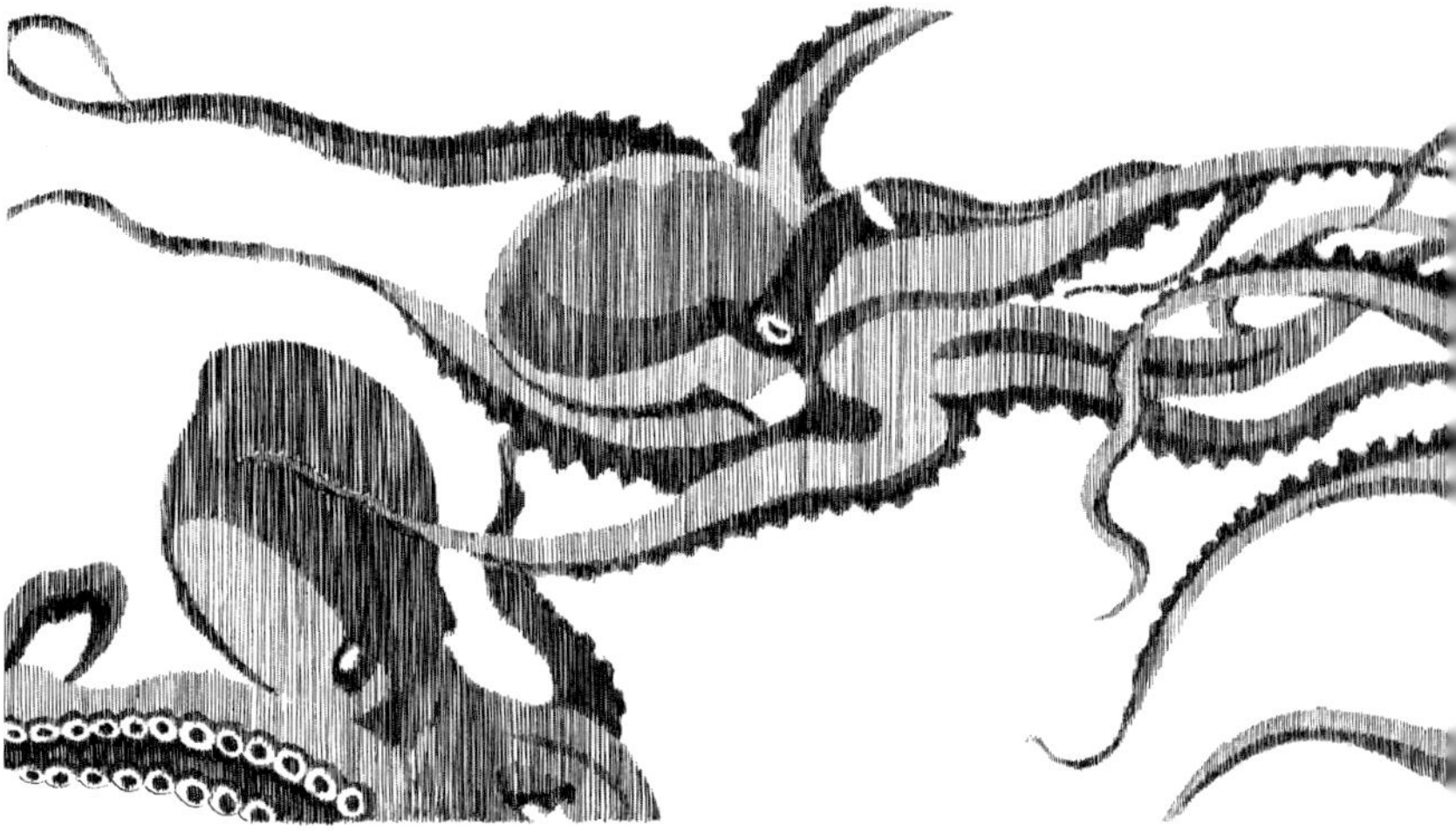

としていると、階下から「中村さんが早ぅ来んかい言うて、電話があったでぇ」。女将さんが呼びかけにくる。

駆け足で行き、夫婦の居間に座る。ノートを広げるまもなく、中村さんはしびれをきらしていたのか、開口一番「タコはツボに入るもんじゃなしに入れるもんぞ」。ツボ漁の原理原則を力を込めて言う。面食らう私の横に座るスミエさんの顔に、いよいよおじいさんのタコの話が始まるぞ、と書いてある。

その前に、タコはどうやって取るのかを簡単に説明しておこう。

まず、タコを取るツボを海底に入れるために、漁場の周辺の山や島の岬など三点が交わるところを目印にして、目線で結んだ海底にツボを沈める。三点を目印とすることを「山当て」といい、ツボを海底に沈めることを「ハエ込み」という。そしてタコがツボに入った頃合を見計らい、また「山当て」をして海底のツボの縄を探し当て、ツボを船上に引き上げてタコを取る。

ツボの縄を探すことを「サデ当て」という。サデとは、ロープの先端に大きな釣り針のようなフックをつけた道具のこと。ツボを船の上に上げることを「ツボ繰り」するという。山当て、ハエ込み、サデ当て、ツボ繰り、この一連の作業を繰り返してタコを取る。この技術の差がタコの水揚げ（漁獲量）を左右するのだという。

「おじいさんはツボの虫よぅ。研究熱心じゃった。よう寝言言うちょったわい」

中村さんは大きなイケス（水槽）にタコを入れて、生態、習性を研究した。

「タコは座っとってもよの、微妙に肩幅が違うとるんよの。タコはのぅ、泳ぐときは泳ぎやすいように肩をすぼめるんよの。タコの習性、姿、動きを見てじゃな、いま網代《あじろ》（漁場）のタコがいつ頃どの方向へ移動するかを推測して、タコが移動する方向にツボをハエ込んだんじゃがい」

そして、漁の日時、天候、潮の流れやタコの水揚げ量の記録をとると、そのときわからなかったことも、後になって、あれはそうだったのか、と新しい発見につながったと言う。

網代の様子はツボに付着したり、中に入っていた海藻や貝、小魚などを手掛かりにして知った。

さらに明石水産研究所へ視察、タコ研究者から話を聞くなどして知識を深める。中村さんはツボの経験を積み、技術を磨き、漁の勘もよかった。

凄腕

ツボの網代は二神・由利島にかけての伊予灘。漁期は旧暦の五月半ばから九月半ばまでの約四ヵ月が決まり。タコが産卵に入る九月下旬以降は禁漁にして、乱獲を戒めた。

網代分けはみんなが平均して水揚げができるように、網代の一番ええとこと一番悪いとこを一つに組み合わせるなどして、当たりハズレがないように公平にした。毎年、みんなが漁業組合に集まり、クジ箱から竹のクジ棒を引いて決めた。二神の昔からの習わしである。

解禁が迫ると、由利に本拠を置く六パイ（隻）が一斉に漁の準備にとりかかった。農家もみんなその手伝いをした。中村さんは男衆一〇人、手伝いと賄いに二〇人の女子衆を雇い、一週間がかりで四二〇〇個のツボを用意したことがあり、ツボの盛んな釣島、安居島、山口県平郡島周辺で最も大規模な

ツボ漁をしていた。伊予灘、周防灘にかけて、七万個ものツボを入れていたというから、この海の豊かさがわかる。

「解禁日は、六パイ（隻）がマストに大漁旗を飾り、横一列に並んでよの。おーい、やろどー言うて、時の合図で一斉にハエ込んだんじゃがい」

「やろどー」とは方言、始めるの意味。こうしてツボ漁が始まり、この日から二神と合わせて二四ハイがタコの水揚げを競った。

だが、中村さんが「水揚げ量は規模だけじゃないぞ」と、意外なことを言う。たとえば一本の幹縄に三〇〇個のツボをつけているのに、「サデ」で幹縄のまん中を当てたのでは一五〇個のツボしか上げられない。「サデ当て」がものを言うとは、このことをさす。

「そうじゃ。縄はハエ込んだとこに、じっとしとらんのぞ。水潮（雨水）のあるときはタコがよう取れるんで、毎日ツボ

を繰るんじゃが、そのほかのときは天候やら潮の加減を見もって二、三日おきに取るんじゃ。その間に網代の潮の流れがどう変わったのかをよの、ちゃんとわかっとらなんだら縄は当てられんのぞ。縄の真ん中を当てたんでは、タコは人並みにしか取れんのぞ」

潮は六時間ごとに満ち引きを繰り返す。縄を真っすぐに海底にハエ込んでいても流されて動いている。

「網代の平均水深は五〇メートルよのう。じゃがわしゃ、サデを底に這わしたら（海底を引き回したら）じゃな。手に伝わってくる感じでよの、ここは砂地、ここはやおい（柔らかい）泥と砂混じりのとこじゃから、こっから西になんぼ行ったら谷、そん淵にどんな岩があるか、北になんぼ行ったら瀬があるか、じゃから縄はどこにあるかがわかったんじゃがい」

「おじいさんはどんなに潮の動きが変わっちょってもよの、いっつも重石がついとる縄の端っこを当てたんじゃけぇ。サデ当てがうまいんよぅ。ほかの人はちょっとマネがでけんかったわい。なぁ、おじいさん」

「そうじゃ、ツボは真剣勝負じゃ。全神経を集中してやったんよの」

タコは、潮が動いているときツボに入り、潮が止まるとエサを食べにツボから出てしまう。

「縄を当てられんかったら、ハエ込みにかけた労力と時間が水の泡になるんじゃけぇなぁ。見とったらかわいそうなかったわい」。スミエさんがへたな人を気の毒がる。

中村さんの海底の知識がいかに正確だったか、一つのエピソードがある。

あるとき、由利の海で、海底ケーブル敷設船が何度やってもケーブルが真っ直ぐに入らないと、立ち往生した。応援要請を受けて、中村さんがブリッジから指図をすると、難なくケーブルを真っ直ぐに入れることができた。海底ケーブル敷設船は最新設備を備えているが、海底のどこにどんな形の岩があるかまではわからなかった。

「おじいさんの話はなかなか終わらんよぅ。ノート足りるかい」

中村さんの話は佳境にさしかかった。

「ツボは難しいんじゃが、おもしろいんぞ。タコの最盛期は二重の潮がある間じゃがい。梅雨時よのぅ。大ダコが取れるんでよの。わしゃ、こんときが好きじゃがい。四キロの大ダコを取ったことがあるぞ」。中村さんはちょっと自慢する。

「二重の潮は、海水と水潮が層を作ることよのう。大雨が降るとじゃな、海面の上に二〜三〇センチくらいの雨水の層ができるんよの、広島方面から流出した雨が多いとき水潮は南へ、四国の雨が多いときは北へ流れ出すんよの。潮が豊後水道へ引きよっても、水潮は押し上げて満ちてくるんよの。二重の潮は流れ方が違うて、速さも差があるんでよの、複雑な潮じゃがい」

「そうよのなぁ、おじいさん。浮いちょる船は水潮の力を受けるんじゃけど、ツボと縄は下の潮の力を受けるんじゃから、ツボ繰りがむずかしいんよぅ。船はいつも縄と平行になるようにしとかんと、ツボは繰れんのじゃけぇなぁ」

船は船首と船尾の二本の舵を使って操船する。操船がヘタクソだと船が横を向いたり、流されてキリキリ舞いする。

「ツボ繰りと操船の息がおうとらなんだら、枝縄をもつらせたり、ツボをめんだりしてよの。幹縄を切ってしもたら道具にかけた金、いままで支度してきた労力がみんなパァになるんじゃけぇのぅ。けど、おじいさんは船の扱いも何をしてもうまいけぇ、わやにすることはなかったわい。ツボ繰りは今は電動ローラーでするけぇ、遊びみたいに楽じゃけど、昔は手動ローラーで人の力ぎりじゃけぇ、力自慢の二人の若い衆でも縄を持っとれなんだわい。えらい力仕事じゃったんようぅ」

　スミエさんは手のひらをじっと見つめながら言った。

タコツボ組結成

「ツボは大けな資本と技術がいったんよのう」と中村さん。

タコを取る漁具はタコツボと縄。タコツボは広島・安芸津もんで、粘土の素焼き。漁場の海底が硬い、柔らかい、砂利や泥地など、海底の環境の違いによって、胴の張ったツボ、ほっそりしたツボを使い分ける。

「夫婦になった頃、タコツボ一つが二五銭。ワラ縄は高かったんよな、ツボを七つか八つつける長さ（ツボの間隔一二メートル）で三円五〇銭、船の燃料軽油二〇リットル一缶と同じじゃったわい。ワラ縄は二年目のもんは浅いとこでしか使えんけぇ、毎年買わにゃいかんけんのぅ」。スミエさんが言う。

長さ三キロの一本の縄に二五〇個のツボをつけた。

「船の燃料が六月から九月半ばまでの漁期に三万円。生活費は若い衆二人と漁期四ヵ月で燃料費と同じ。北条から買うちょった闇米一升（一・五キログラム）が一五〇～一六〇円。タコの水揚げが七月半に「千貫越し《せんがん》」（約三七五〇キログラム）してタコの稼ぎが一五、六万円なら収支トントン。七月半ば以降の水揚げ（漁獲量）が儲け、という計算じゃったわい。

うちはまだええほうよのぅ。結婚したときおじいさんの神戸の姉から三五、六万を借りたんじゃが、一年で返して、中古船一パイか二ハイ分ぐらい稼ぎよったんじゃけど。たいがいの人はなんとか来年の道具代までまわるかまわらんかったんよな。じゃから身内から借りたり、いろいろに工面して先の借金、毎年その繰り返しで四苦八苦。気の毒じゃったんよなぁ、おじいさん」

「おうおう。せっかくタコを取る腕を持っとってもじゃな、資金の余裕がないもんは恐ろしいて、漁がでけなんだんよの」

「そうじゃったなぁ、おじいさん」

「そうじゃ。タコが取れなんだら、たちまち行き詰まるんじゃけぇのう。わしゃ、常からそのことが頭にあったんでよの。みんなが生きていかにゃいかんのじゃけぇ、そのために何か方策はないじゃろかと考えてよの、「タコツボ組」の結成を呼びかけたんよのう」

中村さんが発起人と世話役を務め、漁業組合長や道具の仕入れ先、関係者と交渉、「ツボ組」が発足。道具代は共同購入、支払いは組合の資金を利用、道具代は水揚げで精算。

「ツボ組」ができるまでは、おのおのがワラ縄は松山市のとなり北条か周防大島の久賀《くが》へ、タコツボは安芸津へ買いに行ったのだが、金払いが悪い者には売ってくれなかった。

ツボ漁師は、わずらわしい交渉事から解放されて、漁に打ち込むことができた。

ツボ組優勝

昭和三〇年代初頭（一九五五年頃）、二神の漁業はイワシ網からツボ漁が中心になりつつあった。漁業組合はタコの水揚げ向上のため、報奨制度を設けて漁師にハッパをかけた。一日に一五〇キロ以上の水揚げをした者、ひと潮（一五日単位）ごとの水揚げが一番の者に清酒一本、さらに漁期四ヵ月の総水揚げが一番の者には名誉の優勝のぼりと金一封をふるまうというもの。競争心をあおられた二神、由利の二四ハイのツボ漁師がガチンコ勝負。

「三一、二年じゃったと思うんじゃけど、その年、おじいさんの網代が悪かったんでなぁ。今年は中村さんはよう取らんじゃろ言われとったじゃけど、ツボを終わってみると、家一軒建つぐらい稼いだんよぅ。みんなが呆れちょったわい」

「わしゃ、二年連続してツボ組優勝したんじゃ。七月半ばで「千貫越し」したけぇのう。清酒はずっともろたんぞ」

中村さんは優勝祝いに、三津の仲買人など三〇人を由利に招き、膳をして飲み食い、みんなに喜んでもらったと、誇らしく胸を張る。

「優勝のぼりはおじいさんが取りっぱなすんでな。報奨制度は中止したんじゃけど、またしたり、中止したりをなんべんも繰り返したんよのぅ。そのたんびにおじいさんとツボを教えちょった二人の甥と、三人が優勝のぼりを取りっぱなしよのぅ」

「おう、そうじゃったのう」

夫婦は顔を見合わせて、うれしそうに笑った。

「わしゃ、水揚げの予測ができたんよの。今日はなんぼなんぼタコ取って戻るけぇ、そんだけ入れるイケス（タコを出荷まで生かしておく大きな木箱）を漁業組合に用意しとけぇ、言うて漁に出たんよの」

当時の漁船は走っているとき、活け間（水槽）の船底の小さな穴では、海水が入れ代わらなかったのでタコが弱る。港に帰ると、すぐに大きなイケスに移さないと死んでしまう。

「じゃから水揚げを予測してよの、イケスを用意させたんよの。タコは三津（浜）へ持って行ったんじゃが、タコは活きと、あがり（死）とでは、値が違うんでよの、まあ、予測を外したことは少ないのう」

中村さんは自分が取ったタコをいい状態で出荷したかった。しかし、自然が相手の漁は、取れるか取れないかは、漁をしてみないことにはわからないものだ。中村さんの水揚げ予測に、「なんでそんなことができるんなら」とほかの漁師が驚愕した。

中村さんはいつ、どこの網代で、どんな潮で、タコをどれだけ取ったのか、記録を分析。多くのデータにもとづいて水揚げ予測ができた。

「あのなぁ、ツボをハエこんだときにブイを浮かして目印にするところもあると聞くけどが、二神はそんなことせんのよな。網代は九州若松から阪神へ石炭船やらタンク積んだ船がようけ通るし、大けな貨物船、フェリーが通る本船航路じゃけぇ、その船の邪魔になるし、反対にブイを切られてしまうんで、ツボがどこへ流されるか、わからんようなろぅ」。スミエさんが言う。

最近はツボ漁にＧＰＳ（位置情報）を活用しているところがあると聞く。めんどうな山当ても、ブイもいらない。体も楽だ。技術の進歩はありがたい。水揚げ向上の一助になるといい。

愛媛県漁業者実践研究発表会で中村さんはタコの研究と漁の成果を発表した。それを聞いた宇和島水産試験場長から「アンタはようそこまで研究したもんじゃ。たいしたもんじゃ。ええ話を聞かせてもろた」と言葉をかけられる。心血を注いできたことが漁業者の指導的立場の人から認められた。

中村さんは「今日は取れへんたのう」で終わらず、なぜ取れなかったのか、何が原因なのか、自分が納得するまで一〇年、二〇年、黙々と研究を積み重ね、あきらめなかった。真のツボ名人である。

タコと花札

「おじいさんはツボも熱心じゃけど、遊びも熱心よのぅ。昭和二六（一九五一）年一月に子どもが生まれたんじゃが、二月にはもうおじいさんは家におらなんだんよぅ。夏でもタコを三津へ持って行ったきり、戻ってこんことがちょくちょくあったけぇ。いつもの遊びじゃけぇ、そのうち戻ってくるじゃろぅと思うとったんじゃが、一向に戻ってこんのでなぁ。身に何かあったんじゃなかろうかと心配になって、赤ん坊をおぶって三津の朝日湯（賭場）の二階を覗くと、私の顔を見るなり、金持ってきたんかい、じゃったけどなぁ。私は、ケンカでもして動けんのじゃなかろうかと心配しとったけぇ、元気な顔を見てホッとしたんよなぁ。バクチは魔力よのぅ、金のある間は帰る道がない、帰ろう思うたら金がない。負けが込んでとうとうひと月三津泊まりしたんよぅ」

夏、秋のイワシ網が終わると、由利で冬を越すのはわずか数軒の農家だけになる。ランプの灯りと囲炉裏の火の寂しい部落。海が荒れて白波が押し寄せてくると、中村さんは明るいところで気分を変えたかった。三津の賭場に入りびたり、さぁこい！と花札を張った。それが賑やか好きな中村さんの活力の元になった。

「遊びの金はそのつど、私のサイフの中を見せて渡したんよぅ。不漁のときにと貯めちょった組

合の日掛け貯金を二度ばかりコッソリ持ち出したことがあったけど、タコの水揚げをちょろまかしたりするよなことはなかったわい。結婚してから四、五年はタコと花札で一年よぅ。タコで稼いだ分ソックリ空にしちょったわい。けど、おじいさんを責めたりせずくよぅ」

スミエさんはバクチを黙って見ていた。中村さんは限度をわきまえて、酒を飲んだくれたり、女遊びで身を持ち崩すことも、家族を路頭に迷わせることもなかった。道楽の遊び人ではない、勝ち負け関係なしに気が晴れればまた一生懸命に働く。スミエさんはそれがわかっていた。

豪勢な船下ろし

漁船の新造「船下ろし」は、漁師が甲斐性を示す晴れ舞台だ。目いっぱい見栄を張る。中村さんは並外れた賑やか好き、交際もハデだ。

「あんなぁ、三バイめの勝豊丸はな、そぅら立派じゃったんよぅ。見せちゃろわい」

何事にも控えめなスミエさんが、目を見開いて自慢する。

記念写真を見ると、ツボ組優勝のぼり、大漁旗、勝豊丸と船名を染め抜いたのぼり一、二、三、全部で一二本の旗サオを両舷に飾り、誇らしげにお披露目の勝豊丸。

「おじいさんはどこにおるかわかるかい、ここにおろう。おじいさんの腕盛り、四七のときょぅ。今のおじいさんと違おう。「船下ろし」は昭和三七年三月二四日じゃったんじゃけど、その日はええお日和じゃったんよのぅ。おじいさん」

「おうおう、そうじゃったのう。わしの甥の船大工は、神戸で修行して腕がよかったんで造らせたんよのう。船は全長三〇尺（約八メートル）、胴（横幅）は二メートルから上あったじゃろう。大けかったんで造るのに半年かかったんじゃがい。ふつうの船じゃったら三ヵ月でできるじゃがのう。二〇馬力のディーゼルエンジンをつけて、しめて一〇〇万ぐらいしたじゃろう」

「ほうよなぁ、おじいさん。三津へタコ持って行ったら、どないしてこげな大けなの造ったんかぁ言うて、漁師に笑われたり、冷やかされてな。みんな呆れちょったわい。勝豊丸はそんぐらい大けなかったんよな、おじいさん」

「ほうじゃ、ほうじゃ」

「けどなぁ、船が大きいけぇ、タコツボをいっぺんに五〇〇個積めたんで、ツボの能率がグーンと上がったんよなぁ。ツボは船の左側を使うんでよの。ブリッジを真ん中からちょっと右へ寄せて、人が走りやすいように。由利からミカンを持って帰るとき、船の後ろから前の甲板まで一輪車を押して運べるようにしちょんのよぅ。

それになぁ、走るんも速かったんよぅ。三津まで一時間で走ったんよな。よその船をスイスイ抜いて、三津に入れよった船の中で一番速かったわい。なぁ、おじいさん」

「おう、先頭走るんは気持ちええぞ」。中村さんは進取の精神で時代の先頭を走っていた。

「こん当時の「船下ろし」の餅まきは二斗（約三〇キロ）がふつうじゃったんじゃが、わしゃ、二斗八升（約四二キロ）の餅をよの、勝豊丸と染め抜いた手ぬぐいに包んでまいたんよのう。船大工には祝儀を一〇人扶持と鏡餅をはずんだんよの。祝いは二神と三津から八〇人に膳をしたんじゃがい」

「おじいさんはお酒を一滴も飲めんのによの、「船下ろし」じゃの何じゃらの酒の席では、いっつも一番最後まで座っとれるんじゃけぇ、偉いなぁと思うたわい。そんで、みんなに祝うてもらおうと呼んだんじゃけんのぅ、わしが席を外したんでは客が楽しめんじゃろがい言うてよの。私に三味線の一つも習ろてもかまわんぞ、言うて笑うとったわい」

中村さんはタコの稼ぎ頭、羽振りがよかった。大盤振舞いをして周囲を喜ばせた。

「私ら結婚してから、あっちこっちへよう遊びに行ったんよぅ。おじいさんは仕事は一生懸命、余裕を持ってせぇが口グセ。金を使う、それを励みにタコを取りよったけぇ、ミカンもそういうようにしよったけぇ、楽しむときは思いっきり楽しめたんよのぅ。おじいさんはよう縁起を担ぎよったわい。大漁の祝いじゃの不漁のゲン直しじゃの言うてよのぅ。甥や姪をよう遊ばせよったわい。何かにつけて気風がええんで、お金を使い過ぎよのぅ」

「おうおう。仕事するだけじゃつまらんが。自分がするだけのことしとったら、金はどう使おうとかまわんじゃろがい」

中村さんは大口開けてカラカラ笑う。

「正月はひと月休んだんよな、長いけぇ、ゆっくりできたわい。椿さん（松山市の椿神社）にお参りして、道後の湯につかるんが習わしよのぅ。椿さん参らんと春がこん、言われちょったんよなぁ、

そんで讃岐の金毘羅さんにもお参りしたんよなぁ、おじいさん」

「おう。そうじゃ、椿さんせんとの。それに正月はのう、朝早うに家へ男の子が来ると縁起がええんでの、わしゃ、年玉をはずんでやったんじゃがい」

「なぁ、おじいさん。お花見は梅津寺（松山市）へよのぅ。高浜から一つ松山寄りの駅のとこにあろう、あそこよぅ。夏は「十七夜」いうて、お管絃さんと三津の港祭りの花火見物よの。お大師さん（五十五番札所・石手寺）にお参りしたり、道後や鷹ノ子温泉にはしょっちゅう行ったわい。うまいもん食べて芝居見物したりよなぁ」

「おう、そうじゃったのう。それにのう、三津の電気館、栄楽館でええ映画しょんぞと聞いたらよの、すーぐに勝豊丸でひとっ走りしたんじゃがい」

「そうじゃったなぁ。三津で何か面白いもんがあると聞いたらな、船を走らせたんよぅ。おじいさんと二人の甥の三バイが揃うて、三津へタコを持って行きよったけぇ、ご飯食べるんも泊まるとこもいつもの所よのぅ」

松山市三津浜は沖合の忽那諸島（中島、睦月島、野忽那島、津和地島、二神島、由利島、釣島）の生活と密接に関わり、島へ行き来の人、生活物資、情報も三津浜を窓口にしている。

スピード落せ

お管弦さん――宮島詣

「お管絃さんはなぁ、宮島さんとも言うんじゃけど、「船下ろし」のおかげを受けに厳島神社へ参拝する習わしよぅ。昭和二九年、「十七夜」とも言うんじゃけど、旧暦の七月一七日に、二ハイめの勝豊丸のときは三津のエビこぎ（底引き網）や仲買人、気の合う八人を乗せて行ったんよぅ、おもしろかったわいなぁ、おじいさん」

「おうおう。満ち潮に乗って五、六時間かかるんで、二神を七月一六日の昼に出たんよの。あんときは一五、六パイが一緒に行ったんよの」

「そうじゃったなぁ。知り合いの人が「船下ろし」したらよの、みんなが一緒に行きよったけぇ、大漁旗やのぼりで船飾りをして、船べりを並べてよのぅ。胴の間に（船体の中央）日よけのテントを張り、ゴザを敷いて車座に。そんで道中、漁をしちょる船がおったら魚を買うて、煮炊きして飲めや歌えのドンチャン騒ぎよのぅ。

お管絃さんはあっちこっちの島からようけ来よったけぇ。おじいさんは顔が広かったけぇ、津和地じゃの柱島じゃの、やれどこそこじゃのと、知った人が寄って来てよのぅ。大騒ぎしょったんよの。おじいさん」

「おうおう。そうじゃったのう」。

「日暮れ時に宮島へ着くと、ちょうど満潮じゃけぇ、大鳥居をくぐって参拝したんよぅ。そんで船をタンポ（船溜まり）へ繋いで、上がったんよのぅ。参道をゾロゾロ歩いて、夜店を冷やかしたりして遊ぶんよぅ。そんで料理屋の座敷に上がって、まーたドンチャン騒ぎよぅ、サイフが空になるまですんのじゃけぇのぅ。

晩は船で横になって、あくる朝は暗いうちから弥山に登ったんよぅ。昼はまた参道を見歩いて記念写真を撮ったり、芝居小屋を覗いたりして楽しんでよのぅ。そんで日が沈むと、いよいよ管絃祭りよの。松明の火で大鳥居が闇の中に赤ぅに浮かび上がってなぁ、そぅらきれいなかったわい。なぁ、おじいさん」

「おうおう。神輿とお供の船が大鳥居をくぐってよの。祭りが最高潮になるんじゃが、ようけの船がおるんで大鳥居には近づけんのじゃがい」

「そうよなぁ、おじいさん。行けん行けん。お管絃さんはお名残りつきんかったけどが、一一時頃に宮島を離れたんよのぅ。横目に見ながらよなぁ、二神に戻って来たんはあくる日一八日の夜明けじゃった。

昭和三七年の三バイめ、五三年の四ハイめのお管絃さんは、おじいさんが畑で大ケガしたり、病気で入院したりしたんでなぁ。日帰りしたんよなぁ、おじいさん」

「おうおう。そうじゃったのう。船が速う走るようになったんでよのう」

　夫婦はお管絃さんの様子を昨日のことのように語り合った。

第5章　ミカン王国

命がけのエサ買い

昭和二八（一九五三）年、中村さんは肋膜炎と診断を受けて、松山市の県立病院へ入院。三ヵ月後の七月末ようやく退院する。

「わしが家で養生しとったとき、漁業組合から、鯛釣りのエサの仕入れと運搬の「エサ買い」をやってくれる人がおらんので、困っとるんじゃの言うてきてよの。条件は秋から二月（小正月）の間、風が吹いても行ってくれる人、釣りに間に合うように、その日の午後五時頃までに帰ることよのう」

冬の海は天候が急変して大シケになる、漁師はその恐ろしさを百も承知。それに何があっても指定の時間に戻らなくてはならない厳しい条件だ、誰もが即座に断った。

「あぶないけぇ、やめようわい、言うたんじゃけどなぁ。おじいさんは人が困っちょると知ったら、ほっとけんのよのぅ。そんならなんとかしちゃらないかんがい、という気持ちで引き受けたんじゃろうと思う。病み上がりで、まだ体がしゃんとしとらんのによのぅ。

エサの小イカの買い付けはほとんど毎日よぅ。乳飲み児をおぶって、夜明け前に二神を出て、夕方五時に戻ったんよぅ。仕入れ先は主に二神の北、倉橋島の本浦、家老渡《かろうと》、大向《おおこう》の浦々じゃったんじゃけど。そこで小イカがなかったらじゃなぁ、北の江田島《えたじま》の大原やら西の周防大島の安下庄《あげのしょう》、柱島へ

も行ったんよなぁ、おじいさん」
「そうじゃ。「エサ買い」は、今日はシケじゃ台風じゃのいうて休めんので、無理からでも行かにゃならんかったんじゃがい。エサがないからと手ぶらでは帰れまい。夜漁の鯛のハエ縄漁船九ハイがエサの着くのを待っとったんよの。エサがないと鯛は釣れんのでよの」
「おじいさんが組合の用事でどうにも体の都合がつかんときは、私が一人で行ったんよぅ。乳飲み児をおぶってよのぅ。気が張っとるけぇ、船に酔うとる間も恐ろしいじゃの、どうじゃの言うとるヒマなんかなかったわい」

当時、行商船や機帆船、漁船など夫婦で乗り組むのはあたりまえだったが、女が一人、それも乳飲み子をおぶって、漁船に乗ったなどは聞いたことがない。ましてやスミエさんは泳げない。いくら人のためとは言え、自らを省みない無謀な行動だ。

「なぁ、おじいさん。あれはいつのことじゃったろぅか。鹿島（倉橋島の西）の横手にさしかかったときに、急に大きな波を受けて船の舵がポッキリ折れてしもて、そんで歩み（船の板バシゴ）をくくりつけて舵のかわりをして、ほうほうのていで津和地まで戻ったことがあろぅ」

「おうおう、あんときは吹雪じゃったのう」

「そうよぅ、朝から白いもんがチラホラしちょって、昼頃から吹雪いたんよぅ。真っ白けでなんちゃ見えんかったんよなぁ。それに沖家室《おきかむろ》瀬戸を抜けたとたんに、波が船になだれ込んできて、甲板がびっちゃんこになったことがあったろぅ。安下庄へ行きよって、瀬戸を抜けたとたんに西風を受けてよの、船がグラッと傾いたんよなぁ。あんときは予想しちょったより台風が早う来たんよのぅ、おじいさん」

「おう、そうじゃった」

「土地の船は一パイも出とらんかったんよなぁ。マジ（南西）の大風で大シケよのぅ。五メートルの大波にもまれて、波の谷間へとんぶり返ったかと思うと、次の瞬間には波の山に乗って逆とんぶりで、気がついたら船が岩に乗り上げちょった。次の大波に押されて離れたんよな。あんときは命びろいしたんよなぁ、おじいさん」

「おう、そうじゃ。わしゃ、あんとき、あぁここで親子三人が死ぬるのか命運尽きるのか、と思うたんよの。そんでこんなことしとったらじゃな、万が一、わしの身に何かあったらじゃな、女房、子供はどうなるのか。漁は女手では無理じゃ、女手ひとつで荒くれもんは使えんけえ、わしは畑をやろうと決めたんよのう」

命がけのエサ買いを五、六年続けた。板子一枚下の地獄を見た。天が夫婦に味方した。

「由利の畑の開墾は昭和二九年からやっちゃんよのぅ。じゃけど、畑で大ケガをしたおじいさんに無理はさせられんのでな、私が人夫四、五人を雇うてやっちゃんよぅ。

開墾は一二月から寒いときのほうが、仕事がしやすかったわい。毎年三月に小指の先ほどの太さの温州ミカンの苗木を植えていったんよぅ。索道（リフト）ができるまでは、子どもの手を引いて六〇キロの堆肥、肥料を背おうて、石段、畑を上り下りよのぅ。

ミカンは赤ん坊を育てるような気持ちでよのぅ。風に落ちた葉は元に戻してつけてやりたいぐらいの気持ちよのぅ。温州三〇〇本の苗木を畑へ植え替えるのに一三年かかったんよのぅ。そん頃は

食えんじゃったけぇ、夏はツボ、秋はヤズ（ハマチの若魚）釣り、冬はエサ買い、春先は開墾じゃったんで、船のエンジンを止めたんは年に二、三日じゃったろうか」

懸命に働く妻の姿に、ようやく中村さんのバクチも治まる気配があった。スミエさんは夫に恨み言やグチはいっさいこぼさなかった。

「おじいさんは先にお金を使うとるけぇ、馬力かけて金儲けしよったわい。タコもミカンも一生懸命よぅ。けどなぁ、おじいさんのほんとうの気持ちは体が元気じゃったら、畑はせずくにツボ一本でいきたかったたんよのぅ。じゃから私はおじいさんの思うように、したいように生きてもらおう、悔いのない人生を歩んでもらおうと思うちゃんよのぅ」

　スミエさんは自らを律した。だからといって自分を犠牲にして、中村さんの言うとおりにやってきたわけではない。仕事は自分のやり方でした。生活がどんなに苦しくても、体が疲れていても、気持ちは充実。ツボの最盛期は六、七、八月、その時期以外はミカン作りに精を出し、先頭に立って働いた。

ミカンを作る

「さあのぅ。ミカン作ってもう四〇年になるんじゃろうか。昭和二九（一九五四）年から開墾したんじゃけんのぅ。初めての収獲は三〇箱（一箱二七キログラム）じゃったけど、去年（昭和五九年）は温州、伊予柑、ネーブルとで一七〇〇箱を収穫したんよぅ。

ミカンは五年ほどで実はなるんじゃけど、木はまだ子どもよな、ええ実をならすんには一四、五年かかるんよぅ。寿命は六〇年ほどじゃけど、その間になんべんも接ぎ木して若返らせて樹勢を強めるんよなぁ。

ミカンの根はダイダイ、ユズ、カラタチなんかがあるんじゃけど、うちはカラタチの台木に温州ミカンの幹を高接ぎして、その先に宮内伊予柑の枝を接いどるんよぅ。温州は二四、五枚の葉っぱで一つの実、伊予柑、ネーブルは八〇枚から一〇〇枚の葉っぱで一つの実をならすんよなぁ。日当りのええ日向と悪い陰地とでは、ちいと枚数が違うんじゃけど、ミカンの実を根で育てる人もおるけど、うちは葉の養分で育てるんよぅ」

昭和三〇年代半ば、それまでミカンの木は一・八メートル間隔で植えられていたものが九〇センチ間隔の密植栽培になり、じゃんじゃん開墾された。ミカンは糖度や酸味がどうのということでは

なく、品質は二の次、作れば貫なんぼで売れた。「黄色いダイヤ」ともてはやされてブームの兆しがあった。和歌山のミカンと言われだすまで、愛媛のミカンは人気があり、産地は儲かった。

「ミカンはなぁ、作る人の性格や人柄が出るんよぅ。几帳面な人、そうでない人、畑を見とったらわかるけぇ、おもしろいんよぅ。

ミカンは生きものよぅ、一本一本違うんよぅ。枝を切っても強いの弱いの、毎日心を入れて見ちょったらそれがわかるんよぅ。ミカンは人間の子と同じよぅ。そうかそうか言うて、なだめたりすかしたりして、手をかけてやるんよぅ。たとえば子どもの頭をなでるにしても、その手に愛情がこもっちょるか、単に形だけのもんか、その違いを感じ取るんよのぅ。うちのミカンの木は全部で七〇〇本あるんじゃけど、私はその一本一本と話ができるんよぅ。

カンカン照りのときは暑かろうと声をかけてやり、冷たい風が吹いたら寒かろうと根元に下草を敷いてやり、雪が降ったら冷たかろうと雪下ろしをしてやるんよぅ。

じゃけどなぁ、私の体の具合が悪いときや、天候がもう一つハッキリせんときは、眠いんで由利へ行きとうないことがあるんよなぁ。ほんでもなぁ、ミカンを見んと何か忘れもんしたよな気持ちになったんよの。その日一日落ちつかんのよ。

そんで少々無理して畑へ来て、ミカンのそばに立ったら、気持ちがホッとするんよぅ。なんぼ体がしんどうても、時間がのうても、手をかけてやらんと気がすまんのよぅ。けどなぁ、人間は、干ばつじゃの、台風じゃの、やれ異常気象じゃの、自然の大きな力に逆らうことはでけんのじゃけぇ、してやりとうても、でけんときがあるんよぅ」

昭和四二（一九六七）年、中島町は八〇年ぶりの大干ばつ。夏の三ヵ月一滴の雨も降らず、ミカン農家はそれこそ不眠不休、ワラをもつかむ思いで必死に灌水したが、頼りの貯水池はまたたくまに底をつき、ミカンの葉は見る見るうちにまるまって精彩を失い、枯れ死した。

「うちの由利の畑も同じじゃったんじゃけど、おじいさんの友だちが、勝兄が困っとらい、なんとかしてやろわい言うてよの、友情給水を受けられるようにしてくれたんよぅ。おじいさんは三津へタコの水揚げしたおりや、遊びやらで、ようけ友だちがおったけぇのぅ。勝豊丸を給水船にして三津から毎日一〇トンの水をピストン運転して由利へ運んで、細いゴムホースを畑へ通して灌水したんよぅ。

友情給水のおかげで、ウチの畑のミカンは一本も枯れ死せずにすんだんよなぁ。その年は収穫できんかったんじゃけど、ミカンが炎熱地獄を必死に耐えてくれたんでよの、おじいさんと喜んだんよぅ。よう耐えてくれたんでな、暑かったろぅ、今年はえらいめにおうたけぇ、ゆっくり休んどったらええ、来年ええ実をつけてくれたらええんじゃけんと、ミカンに声をかけたんよぅ。

おじいさんはなぁ、ワラをもつかむと
いうけどが、ワラでは助からんぞ、そば
に大木流しとったら助かるぞ、言うて笑
うとったわい。

あんなぁ、ミカンは農協があぁせぇ、
こうせぇ言うて教えてくれるけぇ、人並
みなものは誰でも作れるんじゃけど、え
えもん作ろう思うたら難しんよぅ。何年
やってもなかなか満足できるもんがでけ
んのよぅ。

おじいさんはなぁ、ミカンは枝先にな
らせぇ、ええミカン作るためには春の剪
定（実をならす枝を残して、不要なもの
は切り落とす）と、夏の摘果（育てる実
を残して、育ちの悪い小粒の玉は捨てる）

〈友情給水〉黄金色の実を待つ

が大事じゃ言うとったわい。農協がヤイヤイ言うて指導する前から、もうそうしよった。おじいさんは人の四、五年先を行っちょったわい。

じゃけど、タコはなんぼでも取れるけど、ミカンは難しい言うて、自分の納得のいくように、気のすむようにしちょったわい」

産地一番のネーブル

昭和四〇年代、米の減反政策により水田のミカン転作が進み、昭和四七（一九七二）年は大豊作、一転して大暴落した。

「ミカンは泣かされることのほうが多いんよぅ。借金する人もおった。豊作貧乏よのぅ。そんで農協が品種改良せにゃいかん言うて、次の年から温州を早生伊予柑に変えたんよのぅ。

あんなぁ、温州は中玉、伊予柑、ネーブルはなんぼ大けて（大きくて）もかまわん、大玉ほど値がええんよな。小玉は加工用、なんぼようけ作っても手間暇かかるばっかりで、値が安いんよのぅ。じゃから同じ作るんなら大きいもん作らにゃいかんのよな。肥料も農薬もかかるんは同じ、おまけに大けなミカンのほうが手間が少のうてすむんよのぅ。

昔と違うて、今はミカンの品質がやかましんよぅ。糖度は何度以上でないといかん、果肉、果汁、玉揃いじゃなんじゃら言うて、等級が厳しいんじゃけど。昭和五八（一九八三）年、うちのネーブルが中島町で一番の値がついたんよぅ。赤ん坊の頭ぐらいの大玉じゃったんよぅ。じゃけど、ネーブルはミカン作りの中で特に難しんよの。神経質で、ちいとのことで機嫌をそこねるんでな、育てるのに大変な手間がかかるんよなぁ。貧乏したけりゃネーブル作れじゃの、道楽息子じゃの言われとんのよのぅ」

条件の悪い、通い耕作の畑で、産地一番のネーブルはよけいに値打ちがあった。

夫婦が丹精込めて作ったネーブルは、翌年も連続して町内一の値がつき、ミカン農家から篤農家と尊敬を集める。由利の畑へ、各地のミカン農家が入れかわり立ちかわり見学に来た。

夫婦はミカン作りの技術や経験、知識をすべて教えた。それを聞いた人はさっそく自分の畑に取り入れてミカンを作ったが、同じものはできなかった。上質のミカンは肥料をやるときやら、分量やら細かい技術をまねるだけではできない。愛情が最も大切だが、誰もそのことに気づかなかった。ミカンのそばに花を植えているのを見て不思議がった。畑の養分を取られるので、誰も一本の草も生やさないのだから。

「畑の花は子どもに渡してやるために植えたんじゃけどなぁ、ミカンを作るのに大事なことを教えてくれたんよぅ。大きなミカンの木ではわかりにくい自然の変化をよの。いま暑いのか、寒いのか、水が欲しいのか、足りちょるのかをよの。小さい花のほうが先にわかろう、自然の微妙な変化をミカンに先駆けて教えてくれたんよぅ。それがミカンを作るのに大いに役立ったんよの。それに花はきれいじゃけぇ、潤いがあろう。年中いろいろの花を咲かせちょるんよぅ、色とりどりよなぁ」

スミエさんは目を細める。

K.KURAKAKE

花の教え

「今日は誰も来ちょらんのぅ」

スミエさんは由利の渚をグルッと見渡して、漁船が見当たらないので、通い耕作に来ているのは自分たちだけだと言う。

「今日は暑ならんうちにミカンの手入れ、草取りしょうわい。おじいさんは畑へ上がらん言うとるけぇ、おいちょぃいて行こわい」

スミエさんは畑に上がると、伊予柑の根元にしゃがんで草取りをしながら話しかけてきた。

「あんなぁ、由利で暮らした人はなぁ、子どもを二神に預けたんよぅ。由利は幼稚園も小学校もないけぇなぁ、子どもが保育園へ行く歳になると、親子が離れ離れよのぅ。私らの娘もそうじゃったんよなぁ、昭和三二（一九五七）年よのぅ、おじいさんの兄姉（本家）に預けたんよぅ。

私が小娘の頃、母親は由利、私は二神じゃろ、いっつも母親がそばにおらなんだんで寂しかったんよぅ。そんで我が子にはそんな寂しいめにあわせまいと思うちょっちゃんじゃけどなぁ。保育園に行くまではツボ、エサ買い、どこへ行くにも船に乗せてよのぅ。畑の開墾しちょるときも一緒じゃったけぇなぁ、親子三人幸せじゃったわい。

けど、子どもを二神へ預けんならんようになったときは、ほんとうに辛かったわい。子のことが気になって頭から離れんかったわい。風邪をひいとらんじゃろか、病気しちょらんじゃろか、母親を恋しがってダダをこねたりしちょらんじゃろか、何かにつけてよのぅ。子どもを思いっきり胸に抱きしめてやれたんは、漁の合間か何か用がでけて二神へ寄ったときよのぅ。

お盆、秋祭り、子の運動会、それに正月休みに戻った、ちいと間だけじゃったけぇのぅ。由利に暮らすもんの宿命とはわかっていてもよのぅ、母親がずっとそばにおってやれなんだんで、子がふびんでならんかったわい。

二神の義理の兄姉と由利、離れた二つの所帯にサイフは一つじゃったんよぅ。三津へタコを水揚げしたついでに、子どもの服の一枚でも買うちゃろ思うても、それがでけん。たんまに二神へ寄っても、子どもにアメ玉の一個も買うちゃれなんだんよのぅ。所帯にいるもん、仕事にいるもん、タワシ一つ、じぇーんぶ兄姉に頼んで買うてもらわにゃならんかったんよのぅ。

じゃけど、義理の兄姉は子どもの欲しがるもん、これ買いあれ買い、なんでんかんでん買うてやり、手なずけたんよのぅ。子どもはなんちゃわからんけぇ、自分の好いたん買うてくれる人、いっつもそばにいる人になつこう。そんで私が二神へ戻ると、子どもを私から遠ざけようとしたんよな。そんで、このままじゃったら子どもを取られてしまうと思うたんよぅ。

二神へ飛んで戻って抱きしめてやりたい、そう思うてもそれがでけん。気の休まることがなかったわい。何一つ母親らしいことをしてやれんので、ほんとうに情けなかったわい」
葉陰からのぞいたスミエさんの横顔に涙が光っていた。
「娘がなぁ、小学校へ花を持って通うちょることを人から聞いたんでな。そんで畑に花のタネをいっぱいまいて育てたんよぅ。それを二神へ寄るたびに娘に手渡してやっちゃんよぅ。それが母親として、してやれる精一杯のことじゃったんよのぅ。花に親子の絆を託したんよのぅ。花はなぁ、小さな命、短い命を一生懸命生きるんよの。花は正直よぅ、愛情をかけてやるとな、そんだけの花を咲かせるんよな。

人間のようにウソをついたり口答えしたり裏切らんのよぅ。小さい花は踏みつけられても、ものも言わんと必死に耐えて、けなげに咲くんよなぁ。こんな小さな花でも耐えられるんじゃから、人間にでけんことはなかろうと思うたんよのぅ。ゆがんだ花は育たんのよ。人間も花と同じよぅ。真っ直ぐに生きていれば、いつかきっとわかってもらえる日も来るじゃろうと思うたんよのぅ」

スミエさんは花の姿から耐えることを学んだ。

田舎は特にそうだが、何事も「家」という単位で物事が進んでいた。「家」が主だから、中村家を支えるために本家の人がサイフの実権を握った。

由利で暮らしていては必要のないものでも、二神の本家は家どうしの付き合いやら中村家としてのしがらみがあり、二つの所帯にサイフ一つは自然の成り行き。とはいえ、スミエさんから見れば自分たちは独立した家、本家の生活費は稼ぎのあるこちらから出すのが筋だと思っていても、ある程度のお金は自由に使いたかった。

一円のお金も自由にならない、それは理不尽と思っても、嫁はたてつけなかった。嫁という立場はあまりにも低かった。一軒の家に主婦二人はいらない。

ミカンで稼げるようになるのは一〇年先のこと。夫婦の稼ぎはすべてツボのあがりであった。

「サイフが戻ってきたんはなぁ、娘が松山で下宿して高校に通うようになってからよの。風が出てきたのぅ、下風《しもかぜ》（南風）よのぅ。下風は追い風、波が高うなるんよのぅ。風には木も人も逆らえん。ソロソロ帰ろうわい。おじいさんが心配するけぇ。明日もおるんじゃろぅ、朝ん間ちいとタコ取って、由利で弁当しょうやい」

しばらくして、娘さんに母親の思いを話すと、「ええ、そんなん知らんよぅ、聞いちょらんよぅ」。一瞬顔を曇らせた。

スミエさんは胸の内を一人娘にも打ち明けていなかった。

自然とともに

「私らが由利におったんは、さぁ何年になろうかぁ。おじいさんと結婚したんが昭和二三（一九四八）年の春、そんときからじゃけぇ。三八年にイワシ網が中止になると、ツルベ一杯の水に困っとんが、まんでウソのようじゃったわい。その時分由利におったんは、私ら入れて六戸じゃったんじゃけどなぁ、百姓も次々と二神へ戻ったんよなぁ」

漁船の性能がよくなり、行き来が楽になると、由利を引き払い、二神から通い耕作をするようになっていく。

「そりゃ、別れることは寂しいことよのぅ。楽しいことも苦しいときもみな一緒じゃったけぇなぁ。由利は電気もない、郵便も電報も配達されんかったけぇ、何かと不便に思うちょった人もおったじゃろうけど、私はたいして不便じゃとは思わなんだわい。そんで四人の百姓が二神へ戻って、私ら夫婦だけになったんが昭和四一年。おじいさんが五一歳、私が四二歳のときよのぅ。それから五一、二年頃までおったんじゃけどなぁ。

何年の何月何日に二神へ戻ったとはハッキリ区切れんのよぅ。その時分はミカンが忙しいときは二、三日か、ひと月ぐらいは由利におったけぇのぅ。そんで、だんだんに二神に泊まることが多なったんよぅ。じゃから由利におったんは二七、八年ぐらいじゃろぅか、由利に常住したんは私らが最後よの、後に住んだ人はおらん。みんな通い耕作しちょるけぇなぁ」

「由利で私ら二人ぎりになっても、生活は何ちゃ変わりゃせんかったわい。由利におるとな、お金は使わん、ムダな交際費もいらなんだんよぅ。時間は潮の満ち引き、ミカンの木の影の伸び方でわかったんで、時計もいらなんだわい。仕事は毎日、お日和を見定めて計画的にしたんよぅ。

天気関係なしにのんびりやればいいもんじゃが、それでは能率が上がらんのよぅ。洗濯やら何やら家のことは、ちぃとほっちょいても後でできるけどが、畑はそうはいかんのよな。お日和はなぁ、空や雲、風の吹きよう、朝焼け、夕焼けやら星や月やら見て、二、三日先を見定めたんよの。

「春は南」言うて、四国のほうが曇れば雨、晴れるとよいお日和。ミカンの苗木を植えて野菜のタネをまいて、ツボの支度と畑とで大忙しよの。「春の一日西」は一日いいお日和で西の風、晴天は一日だけで二、三日とはつづかん。東風《こち》が吹いて次第に雨。

「春日和の秋だたえ」言うんじゃけどな、春の引き潮のときの風はたいしたことないけどが、秋の潮が満ち出したころに吹く風は恐ろしいということよのぅ。満月は大潮、半月は小潮。春の大潮いうて瀬戸や海峡は大けな渦潮になろぅ。

春はよう霧がかかってな、何も見えんようになるけぇ。船がよう由利へどしゃげて（座礁して）来たんじゃけど、おじいさんはコンパスと渦やらを見て船の位置を知って、操船がうまかったわい。春の終わりは朝は北、晩は南の風が毎日のように吹いてよの、南の風が強うなると雨よぅ」

風光る五月初旬。由利の畑にミカン蜜の甘い香りが漂い、小由利の松の若緑がまぶしい。

「夏の初めに早手と言う東風がよう吹いて、雲が出てくる方向から雨、海がようシケるんよぅ。雨がしとしと降る梅雨時はなぁ、野イバラがよう香るんよぅ、朝は特にな。海に靄《もや》がかかって何も見えんときでも、由利に近づくと木の新芽、花の香りや小鳥のさえずりが聞こえてきたんで、由利の近いことがわかったんよぅ。梅雨時はタコの最盛期じゃし、ミカンの花をもがん（摘み取る）ならん、目の回るほどの大忙しよなぁ。

夏はツボと早生《わせ》（温州ミカン）、雑柑（伊予柑、ネーブル）の摘果よのぅ。浜一面にパーッとユリの花が咲く頃はの、沖でハゲ網にカワハギがよう乗るんよぅ。

梅雨が明けてな、日照りになると、水潮がのう（なく）なるんで、ツボが軽うなるんよの。そうすっと、もうタコの終わりが近いということよのぅ。夏の終わりは大風が吹く。由利の辻っこの木立がガサゴソ音を立てだしたら三〇分後に大風よぅ」

秋風が吹きはじめると、由利の海は青さを増し、渚に寄せる満ち潮の波しぶきが白く輝く。

「秋の初めは東風が何日もつづいて、次第に強く吹くと雨。雨が上がるとすぅぐに西風が吹いてくる。「秋は北」言うて、北が青うに澄んだらお日和。じゃけど日和返しに吹く風は油断ができんのよぅ。

一〇月は大小凪《おおこなぎ》言うてよの、秋晴れの凪の日がつづくんよぅ。そんでときどき雲が出てパラパラと雨が降るんを「一〇月のてぼか月」言うんよのぅ。半ばから早生、一一月の半ばからは晩生《ばんせい》を収穫するんよのぅ。一二月半ばから正月までに伊予柑、ネーブルを収穫するんよのぅ。温州の出荷もせんならんので忙しいんよの。二神へミカンを持って帰るとき、よう東風が吹くんでな、船も体もビチャンコになるんよぅ。風は怖いけぇなぁ、人も木も風には逆らえんのよ」

海は危険がいっぱい。ひとつ判断をまちがえれば命に関わる。だから漁師や船乗りは朝な夕なに天候を予見する。

「一、二月はミカンを全部もぎった（収獲）後、樹勢を強めるために去年実をならさんかった枝の整理、防風垣の枝打ち、畑の南の風の当たらんところの草刈り、保温のために敷き草すんのよのぅ。ミカンは防寒、ダニ駆除、農薬散布すんのよぅ。

冬は西の風、日和返しに吹きはじめた西風は、長う吹いて一週間ぐらいおさまらんことがある。

雲が出ては雨が降り、降っては風が強うなって吹雪いたり、寒いときは雪になるんよぅ。西の空の星がピカピカ光ると西の風、東の空の星が光ると東の風が吹くんよぅ。ピカピカ星の輝きが強いと風も強いんよぅ。

三月は苦土《くど》石灰の春肥（肥料）やりと、ミカン選定の最盛期よのぅ。一番遅いネーブルの出荷は三月初旬。四月は選定と合わせて接ぎ木もすんのよぅ。一日からタコの解禁、朝六時ぐらいから畑とタコで大忙しよぅ。五月は防除と花をもぐんよのぅ。中旬から七月上旬はタコの最盛期、ツボとミカン作りで明け暮れよのぅ」

夫婦は暮しを自然から学び、上手に付き合ってきた。人間が生きていくために必要なものは自然から得た。

ミカンのおかげ

平成三（一九九一）年、オレンジ自由化が一年後にせまり、二神も生産調整、減反、廃園が進んでいた。ミカンは苗木を一〇年育てないと採算が取れない。だから自由化を目前にして転作しようにもできない。条件の悪い畑、後継者のいない畑は切り捨てられた。

ミカン農家は一町歩未満では生活できない。夫婦二人でないと、その一町歩の畑ができない。条件の悪い畑では一人で五反が手いっぱい。温州で二〇万、伊予柑で二五万、年収二〇〇万。生産費を払うと収支トントン、労力は赤字、とても生活できない。

瀬戸内のミカン産地を歩いていると、異口同音に「ミカンはつまらん」があいさつ代わりだ。船客待合所の六〇がらみのオヤジさんが、せわしなくタバコをふかしながらぼやく。

「自由化いうたち、なんちゃ心配しとらん。みんなに喜んでもらえるほんとうにおいしいミカンを作りゃええんじゃけぇ。ミカン作るんは難しいけど、愛情こめて手をかけてやると、来年どんな実をつけるかなぁ、とおもしろいんよぅ。楽しみじゃなぁ、おじいさん」

「おう。ほうじゃ、ほうじゃ」

夫婦はミカンを命あるものとして慈しみの心を持ち、ミカンのおかげで生活ができると感謝の気持ちを持っていた。ミカンの出来不出来や相場に一喜一憂することはなく、自然から学んだミカン作りを貫いた。

「ミカンは木からもぎっても生きちょんのよ。外の皮から息してよの、ヘタから中の実へ養分が行きよるんよぅ。じゃから私らはな、選果のときローラーに転がったんやら、ワックスをかけたミカンは食べんのよぅ。ミカンは小鳥がつついたんがおいしかろう。小鳥はな、形かどうの、大けさがどうのとはいわんのよぅ、うまいもんしか食べんのよぅ」

スミエさんは私に問いかけるように言う。

中村さんは何をやるにも目的を持ち、それに向かって努力した。今年のミカンの収穫で畑のモノレールを伸ばそう、倉庫を作ろう、どこそこへ旅行しよう。収獲が去年以上にあれば夫婦が自由に使える。家族との約束だ。

「今年も孫からあれが欲しい、これが欲しいと予約されちょんのよ。なぁ、おじいさん」

「おう。ミカンはまあまあのできじゃけぇ、買うてやれるじゃろう」

「楽しみよぅ」

夫婦はミカンが待っちょるからと由利へ通い耕作。

「海の天候はよう変わるんでよの。女では危ないんで、わしが行くんよの」と中村さん。

第6章

島の浪漫

困ったときはおたがいさん

由利の海は好漁場。

「戦前、戦時中、戦後もよその船がようけ来たんよぅ。春から夏にかけて鯛やアジ、秋はハマチ、アオリイカを食べる大きなイカダイが釣れるんでな。よその船を相手にする食料やら日用雑貨じゃのを売る店が二軒あったんじゃけど、戦時中に物が入らんようになってやめたんよのぅ。

高浜（松山市）の一本釣り手押し（櫓《ろ》船）はな、戦後も船頭と舵子二人の三人で乗り込んじょった。二丁櫓を漕いで二時間半以上もかかって由利へ来て、船の活け間が魚でいっぱいになるまで、三日でも四日でも釣って、船で煮炊きして、晩は島影にイカリを入れて寝よったわい。じゃけど、西風がビュウビュウ吹いて海がシケると、一週間も一〇日も高浜へ帰れんことがあるんでな。食べるもんがのうなると、由利へ上がって来て、私ら百姓の芋や麦、野菜じゃ、魚と物々交換したんよぅ。

「デラ台風」が来たんは、私らが結婚したあくる年、昭和二四（一九四九）年六月、鯛やアジを釣っとった時分よの、イワシ網にもようけの人が来とったし、沖に高浜の手押しもおったんよな。そんで、どうも雲行きが怪しいんで、イワシ網の人も百姓も家に戸板を打ちつけて、戸締りして高台へ逃げたんよな、おじいさん」

「おうおう。デラ台風はたいして雨は降らなんじゃが、風が強かったんじゃ。晩にコチ（東風）が南寄りの強風ヤマジに変わって、大シケになったんよの。そんで前の日、カイの鼻（由利島の南端）にイカリを入れとった高浜の手押しが二十数ハイおったんで、気になってよの。夜明けに風がやおうに（弱く）なったんで、浜に下りて見たらじゃな、大由利と小由利をつないどる砂州の真ん中が三、四〇メートル切れてよの、バラバラにめげた船、死人が打ち上げられとったんよの」

「そうじゃったなぁ、おじいさん。高浜の漁師九人が死んだんよのぅ。明神のイワシ長屋、百姓の家も高波に洗われて、命からがらじゃったんじゃけぇ。沖では大けな波じゃったろうと思う。恐ろしかったじゃろう思う。かわいそうなかったわい」

「そうじゃ。風は一瞬に変わるんじゃけぇ、油断できん。恐ろしいんじゃがい。高浜の手押しも小由利の港へ避難できんこともなかったんじゃが、港に避難すると、釣った魚を貯めとる活け間の水が変わらんので、魚が死ぬるんよの。せっかく釣った魚を持っとるんで、迷うてよの、逃げ遅れたんよのう」

中村さんが、漁師の悲しいさ・・がと海の恐ろしさを語る。

高浜の漁師の惨状を目の当たりにした中村夫婦は、難儀する人の何かの役に立てばと、船の油、ロープ、家の余分な食料品、タバコ、酒、薬などを戸口の目につきやすいところに置いた。昭和三四（一九五九）年、明神に自宅を新築した後もずっとそうした。

「春はなぁ、よう濃い霧がかかるんでな。石炭船やらタンク積んだ船やらが、しょっちゅう砂州や南の浜へどしゃげて来たんよぅ。あの時分、船は無線を持っとらなんだし、由利に電話もなかったんじゃけ、助けてくれぇ言うても連絡できんかったんじゃけぇのぅ。油が切れたんじゃが、食べるもん分けてもらえんじゃろか言うて、ようけの船員が上がってきたんよのぅ、おじいさん」

「おうおう、そうじゃがい」

「由利は事故の多いとこよぅ。ほれ、おじいさん。尾道市吉和の船が岩にブチ当たって船底に大穴を開けてビチャンコになって、浜に打ち上げられた船頭がこれでは帰れん言うて、頭を抱えて来たことがあろう」

「おう、あんとき空のドラム缶八本貸してやってよの。船を浮かして、仲間の船に引っ張ってもろて吉和へ帰ったんじゃがい」

「そうよぅ。あんときの船頭は船を直してから、助かった言うてドラム缶を返しにきたんよのぅ。じゃけど、たいがいの人は事故におうて、えらいことじゃ、困った言うて不安な気持ちで上がって来たんじゃけど、そんとき用が足ったら二度と由利へは来まい。また寄る必要もなかろう。

そんでもなぁ、おじいさんは、岩に当たってスクリューが曲がったんじゃ、エンジンが動かんのじゃ、なんじゃら言うてきたら、どこの船でもすぅぐに飛んで行って、油まみれになって直しちょったわい。困っとるもんほっとけんがい、言うてよの。誰に対しても同じ気持ちで、難儀したときはおたがいさんじゃ、なんのそれしきのこと、役に立てたかい言うてよの、うれしそうに笑うとったわい」

事故はミカン山でも起こる。よその畑の索道が、山頂近くの高い所で故障、怖がって誰も修理に行かない。中村さんが腰に命綱をつけてワイヤーに腹ばいになり、直しに行ったことがある。

海の人、由利の人、みんなが中村さんを頼りにした。

仏さんおったら上げちゃるぞ

「あのなぁ、船から転落したり、身投げした仏さんが流れ着くこともあるんよぅ。そんなとき、たいがいの人は気味が悪いじゃの汚いじゃの言うて、仏さんを上げるんを嫌がりよったわい。それに警察に届けんならん、事情調べに時間をとられる、何かとめんどくさいんで、なおのこと嫌いよったわい。

じゃけど、私らはそんなこと思わんかったんよぅ。ツボや畑の行き帰り、いっつも海を見回してよの、仏さんがおったら上げちゃるぞ、思うて気をつけとったんよな。周防大島行きのフェリーから身投げしたおばあさんが流れ着いたことがあって、そんときもかわいそうに、寒かったろぅ、冷たかったろぅ、と仏さんに語りかけながら引き上げて、手を合わせたんよなぁ、おじいさん」

「おう、そうじゃったのう」

「けどなぁ、仏さんが上がるんはまだええほうなんよぅ。上がらずじまいのほうが多いんじゃけぇ。ユリの花が咲いちょる頃、磯に潜ってサザエ取りの人。畑にダイダイがある頃、サバ釣っとる最中に高浜のおじいさんがおらんようになって。

一月の寒いとき、高浜のエビ漕ぎが夜漁しちょって、旦那さんが船尾で網のロープに足を取られて海へ転落。ひょいと奥さんが気づいて、ウキやら何でんかんでん浮くものを投げて呼んだんじゃが何ちゃ返ってこんかったんじゃ言うとったわい。一瞬の出来事よのぅ。あくる日からだいぶ長いこと高浜の仲間の漁師が探したんじゃが、とうとう仏さんは上がらずじまいようぅ。

渡海船から落ちたおばあさんは、佐田岬の三机《みつくえ》へ流れ着いたんよのぅ。おじいさん」

「おう、そうじゃ。潮はのう、干満の差が大きいほど流れが速いんよの。由利付近は三メートルからあるけぇ速いんぞ。三机へ流れ着くか、太平洋へ押し流されるんじゃがい」

中村さんはフウーと深いため息をついた。

「人助けやら事故やら言い出したら、切りがないわい。仏さんのこと思うとかわいそうじゃけ、もうこんぐらいにしちょこうわい」

スミエさんが話をやめた。

どこの漁師も死人を粗末に扱わない。我が身もいつそうなるかも知れないのだ。死人が魚を運んできてくれると喧伝されている。

無住島の公衆電話

通い耕作をするようになり、夫婦の元自宅はミカン倉庫に使用されていた。スミエさんは隣の粗末な小屋に駆け寄り、戸を開いて「さぁ、こん中に何があるんじゃろか」と私を手招きする。中をのぞくと、赤い公衆電話と古びた電話帳、横に数枚の一〇円硬貨が置かれていた。

「この電話ね、昭和三六（一九六一）年、イワシ網の漁業事務所についたんよぅ。そんでみんなが二神に帰ってしもた四一年にうちへ移したんよぅ。この電話はな、ようけの命を拾うとるんよぅ」

スミエさんは受話器を耳に当てて電話が通じていることを確認して、電話帳のほこりをはらい、一〇円硬貨を足した。

「事故におうて、困って上がって来た人の役に立てばええと思うて、一〇円玉を置いちょいたんよぅ。一〇円を持っとらなんだら電話はかけられまい。おじいさんが電話の料金箱のカギを預かっとったけぇ、年にいっぺんか二へん開けて、お金を電電公社の三津浜営業所へ持って行ったんよのぅ。さあ、年に三〇〇〇円ぐらいのときやら、五〇〇円ぐらいのときもあったろうか。

通い耕作するようになっても、電話が通じとるか確かめて、ずっと一〇円玉を絶やさんと置いたんよぅ。おかげて助かりましたと赤電話に張り紙する人、わざわざ礼を言いに来る人、礼状をよこす人、戸口にお金を置いちょる人、ミカンの枝にお金をぶら下げちょる人、花の植木鉢を置いちょった人。さまざまじゃったわい」

昭和三六年は九ちゃんの「上を向いて歩こう」が大ヒット。四一年はフォークソング「バラが咲いた」のメロディーが流れていた。

「由利にはいろんな人が来たんよぅ。こんな寂しい無人島に住んで何がええんじゃい言う人やら、電気もないんじゃ、情報も何もわからんじゃろがい言うて、威張って人を小バカにする人もおったわい。じゃけど由利に上がって来た人らが、よその暮らしのことやら何やらの話をしてくれたんでな、広い世間の動きがわかったんよぅ。

三津のタネ屋はミカン作りの最新情報を持って来てくれたんよ、二神におったら農協からしか入らんのじゃけぇ。天草（熊本県）の船長さん、上関（山口県）の夫婦。豊島の「家船」はな、宇和やら宮崎、大分方面のミカン作りやら暮しの様子をよのぅ。小豆島の親子、大阪天保山の人、名古屋の人、……。東京の人は、私は若い頃南米航路の船に乗っていたんですよと言うて、ブラジルやメキシコじゃの珍しい外国の話、東京の話題をよのぅ。

町の人も、キャンプやら釣りやら遊びやらで上がって来たんよぅ。やぁ、ここはノンビリしてえぇとこじゃ言うて、話をする人もおったけど、町から来た人は何をしに来たんか、何をしちょる人かわからん、うっかりものが言えんかったわい。

浜で煮炊きをした火の後始末をちゃんとせずに帰るんで、困るんよぅ。気がつくんが遅れていたらおおごとじゃ、山火事になっていたかもしれんことが、年に二、三回あったわい。留守をしちょる間に畑で遊んだり、ミカンの食べかすが散乱しとったりよの。ミカン泥棒やら何やらよの。ひと言、声をかけてくれりゃ、なんぼでも食べられるのによのぅ」

自分さえよければいい、人の迷惑を考えない、不届き者はどこにでもいる。

「電話はね。おじいさんが中島町立病院へ入院しちょった昭和六〇（一九八五）年は由利に行けなんだんで、電話が切られたと知ったとき、あの電話で命を拾うた人もいるのに、これで助からん人もおるのでは、命を捨てんならんこともある、悔しいなぁと思うたんよぅ。由利は海藻取り、潜り漁、ミカン作り、年に二、三回命に関わることがおこる。電話はどうしても必要なんよぅ」

スミエさんが心配した由利の公衆電話は、昭和六一（一九八六）年八月、新しく発足したＮＴＴ三津浜営業所が、月間使用度数が足らないことを理由に撤去した。しかし、二神の島人は、利用回数じゃない、人の命に関わることだとして、区長を代表者にして、基本利用料金は二神部落と漁業組合が支払うということで、昭和六二（一九八七）年五月にピンク電話に加入した。その後、平成五（一九九三）年、ピンク電話は海底ケーブルが破損したために不通になってしまった。

夫婦は由利に住むのが二人きりになったときから、中村さんが入院するまでの一九年あまり、さらに由利に用事があって寄るたびに、スミエさんは一〇円硬貨を置きつづけて、人知れず尊い命を救ってきた。

旅漁の家族

　イワシ網・イリコ作りをしていた頃、「家船《えぶね》」が、釣りに使う新鮮なイワシを買いに由利へ来た。「家船」は広島県の豊島《とよしま》、尾道吉和《よしわ》、因島《いんのしま》箱崎などに本拠を置き、夫婦か兄弟などで乗り組み、家財道具を積んで水上生活をした。盆、祭り、正月に帰る以外は、瀬戸内海、東シナ海などへ船団を組んで旅をする漁民。

　彼らは、よその海で入漁料を払い、優れた漁の技術も教えた。瀬戸内海の釣りと言えば、豊島の「家船」か佐賀関かと、豪語する凄腕漁師だ。

「家船の人らはイワシ買うて、さっさと由利を離れたんじゃけど、豊島の福寿丸の船頭・西永秀和さんはな、イワシを運ぶ伝馬船をモーター船で引っ張ってくれたんよぅ。ええイリコこさえるんは時間との競争じゃったけぇ、そぅら助かったんよな。そんなわけで、秀兄とエサ代のやり取りはせんかったわい。秀兄はサッパリした気性で、おじいさんと馬が合うたんよのぅ。うちへ上がって来て、風呂浴びたり一緒にご飯食べたて、よう話をしよったわい。

そんで、あれは昭和四二、三年じゃったと思うんじゃが、中村さんおろかー言うてひょっこり福寿丸が寄って来たんよのぅ。秀兄の息子の賀寿美さんじゃったんよぅ。トランシーバーが故障して困っとるんじゃの言うんで、畑で使う予備に持っちょった一台あげたんよぅ。賀寿美さんは奥さんと学校へ上がるまでの男の子と女の子の四人で乗って、瀬戸内一円で漁をしちょったんよぅ。

そんときから賀寿美さんは漁に行くときも、旅先からもよう交信してきたんよぅ。いま姫島（大分県）におるけぇ、いついつ魚取ってくるけぇ、親戚にも食べてもらおう言うて、たんびたんびに、いろんなおいしい魚を食べきれんほど持って来てくれたんよぅ。

じゃから、私らも福寿丸が来るけぇ、精出して畑しょうやい言うてよの、福寿丸が来たら船いっぱいにスイカ積んだり、ミカンや季節の野菜、果物を積んでやっちゃんよぅ。あげたりもろたりが楽しかったんよぅ。賀寿美さんはお父さんに似てサッパリした気性で、人間がええ人やったわい。

おじいさんとほんとうの親子、兄弟のような付き合いしたんよぅ。

それからずっと後、私らが二神から通い耕作をしちょる頃に、こんどは賀寿美さんの息子の豊司さんが、中村さんおろかー言うて、上がって来たんよな。お父さんの遺志を継いで独立、タチウオ漁の帰りに寄って来たんよぅ。そんで結婚式や船下ろしやらで豊島へ行ったり、おたがいに行き来したんよぅ」

旅漁と通い耕作、たがいに出稼ぎの身。よその海で漁をすることは辛いことが多い。人にはわからない苦労がある。中村さん夫婦は「家船」福寿丸の船頭・西永親子三代と親交を結んだ。

盆踊りと運動会

二神島がもっとも賑わうのはお盆だ。大勢の人が帰省して、人口が倍になる。島人は定期船が傾くとか沈没するとかちょっとオーバーに言って、アゴをしゃくり上げる。

朝起きて港の広場を見ると、櫓に紅白の天幕を張り、四方に豆電球がぶら下がっている。朝っぱらから夫婦の家を訪ねると、中村さんが「まあ、上がれ上がれ」。うながされて居間に座ると、スミエさんが、今日はツボが休みじゃから盆踊りの話をしょうわいと言う。

「二神はみんな仮装して踊ったんよの。それがおもしろかったんよぅ。いまはもうそんなことせんのじゃけど。女はなぁ、男の恰好よの。顔が見えんように頭から手ぬぐいでほっかぶりをしてよのぅ、麦ワラ帽や山高帽をかぶって、半ちゃ（半てん）着て股引はいたり、ズボンはいて、履物は靴が麻ウラぞうりをはいて、大変身したんよぅ。

そのこさえ（衣装）の支度がおおごとよのぅ。どこの家でもな、タンスじゃの長持ちじゃの、押し入れの中のもん何もかも引っ張り出してよの。うちはこれがええわい、私はそれはイヤじゃの言うて、こさえの取りやいっこよぅ。そんでよう似合うげなじゃの、どこの娘かいのぅ言うて、冷やかして笑いころげたんよぅ。なあ、おじいさん」

「おうおう。わしゃ、姉さんの長襦袢やの腰巻借りてよの、おしろいも塗ってめかしたんぞ。盆踊りは男前とべっぴんばっかりじゃったけぇのう。おいおい、姉さん、赤い腰巻チラチラさして色っぽいが、スネに毛がはえとるがい。おかしいのう、おまんはどこの姉さんなら言うてよの、腰巻まくり上げたりよのう」

「へえへえ。二、三人がかりで、かぶりもん取りにくるんじゃけぇ。片方の手でかぶりもんを握り、片方で着物の裾をおさえてよの。ふざけおうたり、からこうたりして、おもしろかったわい。みんなで大笑いしよったわい」

スミエさんもくすくす思い出し笑い。盆踊りは夜が明けて、かぶりもんを取らなければ誰が誰だか、口をきかなければ隣の家の人でもわからなかったと言う。

「おじいさんはなぁ、タコ取るんも上手じゃけど、芸も達者なんよぅ。音頭口説いたらな、サビの利いた声と節回しが聞きほれる名調子よぅ。十八番《おはこ》の「那須与一誉れの次第」を口説きだしたらよの、あっちからもこっちからも「よおー、待ってました!」とはやされて、踊りの輪がなんぼでも大きいなったわい」

中村さんは小若い衆の頃から、新仏の家へ太鼓叩いて弔いの音頭を口説いてまわり、声に磨きがかかった、とスミエさんが自慢する。

「それに、盆踊り言うたら忘れられん人がおるんよぅ。私らが由利で間借りしちょった島田ミチさんは、踊りの名手じゃったんよぅ。ちょっとした手の動きが柔らかで、見惚れるほど品がよかったわい。なあ、おじいさん」

「おう。そうじゃのう。ミチさんの右に出るもんはおらんかったのう。二神の盆踊りにおじいさんとミチさん、この二人はどうしても欠かせんかったわい」

スミエさんは、ありし日のミチさんの姿をしみじみと話す。

盆踊りは二日二晩夜明かし。由利

のイワシ網の「一楽」を終って戻る者、盆のあとの秋漁する若い衆は、踊り終わって由利へ朝帰り。イワシ網をひいて、伝馬船を三時間ほど漕いで夕方また踊りに戻って、夜明かしする剛の者もいた。

農家も朝帰りをして、芋畑の草取りをし、ササゲ（豆）を取り入れて、踊りに戻った。

「わしゃ、二時間半ぐらいで漕いだのう。そん時分モーター船も走っとったんじゃが、潮に乗ったら漕ぐ方が速かったんぞ」

「へぇへぇ、そうじゃったなぁ。じゃけど、モーター船は疲れるということを知らなんだんでぇ、ノロノロでもすぅーと走りよったわい」

中村さんの強がりを軽くいなして、スミエさんはフフフと笑う。

「よっぽど楽しかったんよのぅ、おじいさん」

「そうじゃ。そんで津和地の太鼓はまだ鳴っとるかい言うてよの。太鼓が聞こえたらじゃな、津和地に負けんなぁ言うて張りおうたんよのう」

「へぇへぇ、そうじゃった。力入れてドンドコドンドコ太鼓打ったんよのぅ。盆踊りは砂浜でしよったけえ、潮が引いたり満ちたりすっと、櫓を移したんよぅ。

盆（旧暦）はなぁ、ちょうど仲秋の名月。まん丸お月さんでなぁ、明るかったけぇのぅ、みんな熱を入れて踊ったんよぅ。心ゆくまで楽しんだんよのぅ。子どもも夜ふかしでけたんで、夜店の何じゃら買うたりよのぅ」

夜更けて月の光がきらめく海、渚で精霊送りの年寄りが一人、また一人。

夜明かしの盆踊りは昭和五五（一九八〇）年頃までつづいた。

一〇月は二神の秋祭りだ。呉からフェリーが着くと、宿の女将さんが「とり坊、たか坊、支所長も来たでぇ！」。大声を張り上げてあたりに伝えた。島人は今年もお神輿の担ぎ手一二人がなんとかそろい、祭りの恰好がついた、と喜ぶ。宇佐八幡神社の祭り太鼓が村に響きわたる。

祭りの翌日は二神小学校の運動会。仕出し弁当作りにねじり鉢巻きの旅館の夫婦を残して、村が空っぽになる。全島民あげての大運動会だ。

ここ数年、生徒の数が七、八人を前後する小学校だが、松山市内のマンモス校から離島の小学校を希望して赴任、教員宿舎住まいの青野先生は子どもたちに人気があった。

歓声が黄色いミカン山にこだまする。

校長先生が「長い教師生活の中で、こんなに心のこもった運動会は初めての経験です」。閉会式で感極まり、声を詰まらせると、一段と大きな拍手がおこった。

秋祭りと小学校運動会、二神の二大行事が終わると地区ごとに慰労会。どこの地区のオヤジさんたちか知らないが、日の暮れ浜にテントを張り、カラオケ、ほろ酔いでウサ晴らし、まぁ座れと私を誘う。

「あんたはどう思う。定年退職したら島に戻るいうもんがおるんじゃが、帰るんなら働けるうちに戻ってこいと言いたいんよのう。歳がいったら、わしらに面倒みさすんは虫がよすぎるがいのう」

「そうじゃ、盆に帰って来たらよの、わしらを世間が狭い、考えが古いと見下げてからによのう」

都会と小さな島、長年環境の異なる暮し、幼馴染も意識にズレ、溝は深い。

日向ぼっこのおばあさんたちが、

「子守りにくくられるんはすかん。孫地獄はごめんじゃ。畑にも行けん。安気でけんけぇ、息子に戻って来るなと言うとる。子には子の人生があろう、戻らんでええけぇ」と口々に言うが、それはよそ者の手前かっこをつけただけのことではないのか。それとも子育てとは自立させることと、二神の母親は自覚していたのか。

「正月は寒いぎりで誰っちゃ帰ってこん。こんな離島つまりませんなぁ」息子に帰ってきてもらいたい、それが本音だろうか。

島の仕事は海、畑、自然が相手、稼ぎは不安定。いまは子どもの教育、暮しにも金がかかる。それがわかっているから帰ってこいとは言えない。親と同じ苦労はさせたくない親心、複雑な心境を吐露した。

二神中学校統廃校、二神小学校休校。子どもの教育に悲観して離島する家族。お神輿の担ぎ手も集まらず伝統文化がすたれていく。個人では何ともしがたい、二神島の行く末を思わずにはいられない。

第7章　ふるさとの心

海が泣いちょったわい

伊予灘、由利島周辺は太平洋、豊後水道から流入する黒潮の影響を受けて、瀬戸内海で最も美しい海といわれている。

「よその養殖ハマチを漁協のイケスに一週間置いとったら、脂が抜けて天然ハマチと変わらんようにダイエットできらい」

二神漁協職員が鼻を高くする。

平成二五（二〇一三）年、由利の西、沖家室島の海で世界最大級のニホンアワサンゴの群生を発見、話題になった。だが、このまま海水温度が上昇をつづけると、貴重なサンゴは白化する。

「由利の海はなぁ、今とならくらべもんにならんぐらいきれいなかったわい。海の水でご飯が炊けたんよぅ。水が澄んどったけぇ、底が丸見えよう。なぁ、おじいさん」

「そうじゃ。水深七メートルから一一メートルぐらいの底が見えよったんじゃがい」

「じゃけど、海がちぃと変じゃ。おかしいのぅ、汚れだしたちゅうのは、松が枯れる前じゃった。由利の岩に毎年、こもうて丸っこい天然カキがびっしりつきよったんじゃが、急につかんようになって、カラス貝がつきだしたんよのぅ。その時分、タコツボの中に巻き貝が入っとったんじゃけどな、さっぱり見えんようになったわい。由利におったんが私らぎり（だけ）になる前の年じゃけぇ、昭和四〇（一九六五）年じゃったわい」

瀬戸内海の海水は、中央部の響灘で潮が東西に分かれて、約一年半で九〇パーセントが入れ替わる。（産業技術総合研究所中国センター）

「なぁ、おじいさん。プラスチックのビンやオモチャ、ポリバケツじゃのが、海に浮いちょったり、浜に打ち上げられだしたんも、その時分からよのぅ」

「おう。本土や四国、九州方面で大水が出たり、大風が吹いたらじゃな、ようけのゴミが流れて来たんじゃがい」

「万博（大阪万博、昭和四五年）を見に行った時分は、もう手がつけられんかったわい。さぁ、その時分からじゃとゴミは減った。ちいとずつじゃけどカキがつきだしちょらい。テレビじゃなんかで海がきれいになった言うとるけどが、ビニールやプラスチックは腐らんけぇのぅ、どっかの海の底に溜まっちょるんよのぅ。ほんとうにきれいになっちょるんならええんじゃけどなぁ」

瀬戸内沿岸の家の前はすぐ海であったが、埋め立て、防波堤、波消しブロックをめぐらせて、自然海岸を失い、人は海に背を向け、関心が薄れていった。

海を見つめてきたスミエさんは、一九八〇年代初めに、すでにプラスチックのマイクロチップ汚染を危惧していた。

二神は幹の太い、枝ぶりのいい老松が生い茂り、別名松島と呼ばれていた。

「由利も同じよぅ。晩に風が吹いて松がゴウゴウ鳴ったら気色が悪いこともあったけど、暑い時分は根元に座っちょったら涼しかったんよぅ。それが松喰い虫にやられて、まっ茶々になってしもて、みんな枯れてしもたんよな」

松は樹齢何百年と長寿、まさか倒れるとは誰も思っていなかった。畑の境界線は松の木立や山の大岩を目印にしておおまかに決め、正確に測量をしてこなかった。その結果、「畑の境界はおじいさんからこう聞いとる。いやいや、こうじゃ」と、もめごとを生んだ。

島人は家や船を造るのに、山の持ち主から松の木を買い、材木にして何年もかけて造ってきた。二神、由利島の松は昭和五三（一九七八）年に全滅した。松の再生は容易なことではできない。

夫婦泣き笑い

「前にも言うたけど、おじいさんが元気で仕事ができたんは五、六年よのぅ。結婚してちぃと間して肋膜炎を患い、女手では漁はできん言うて、畑もするようになったんじゃけど、おじいさんは体が元気じゃったら、ツボ一本でいきたかったんよのぅ。じゃけど体が弱いために、何事につけても悩み、歯ぎしり、男として果たせんかった悔しさがあったわい。

けどなぁ、おじいさんはどんなに難しいことがあってもな、それをバネにして前に進んじょったわい。わしはこんぐらいのことではヘコたれんぞ言うてよの、気持ちを奮い立たせよったわい」

ツボは、二人の甥が独立した昭和三九（一九六四）年頃から、夫婦だけでするようになる。

だが、中村さんは畑の開墾時に大ケガ、腎臓病、心臓発作の持病と、満身創痍。力仕事はできないから、ツボの采配と操船に専念。

ツボ繰りの力仕事はスミエさんがこなした。並大抵のことではない。

「ばあさんはハガネのように強いぞ」

「うーん、そんでもなぁ、なんでこない次から次へと大病するんじゃろぅ、苦労するんじゃろぅ、と思わんこともなかったわい。じゃけど、どうしてもやらにゃいかんかったんじゃけん。人に笑われまい、後ろ指さされまいという気持ちでよのぅ。じゃから、同じやるんなら楽しんでやったほうがよかろぅ。タコもミカンもおじいさんの言うとおりにやってきたんよぅ。

風邪をひいて体がえらいけぇ、今日はどうしても休もう思うとってもな、おじいさんに、「おーい、行こどう」言うて呼ばれたらよの、「あいよぅ」言うて、ついつい足がそっちに向いたんよぅ。そんで行ったらよの、「タコ取ろどー」の掛け声に、体のえらいのんを忘れてしまいよった。おじいさんは「欲と二人連れは強いぞう」言うてよの、ヘラヘラ笑ろとったわい」

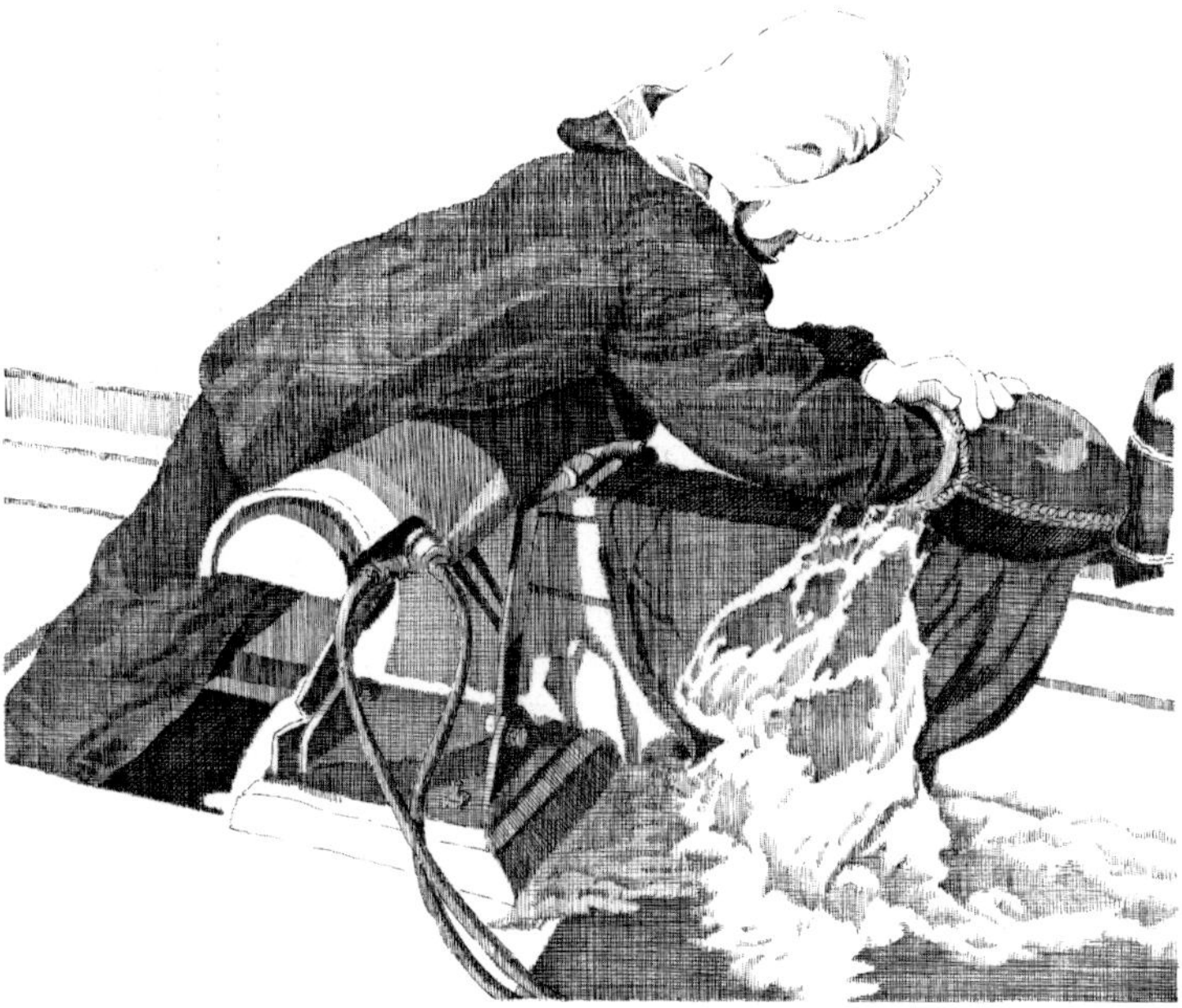

夫婦はミカンの悪いときはタコに精を出し、タコが不漁のときはミカンに手を入れ、両方悪いときはまたいつか笑えることもあるだろうと、苦しみは半分に、楽しみは倍にして支えあってやってきた。

「あのなぁ、おじいさんはなぁ、お金も決め事も何もかもスパッと割り切って、きれいなんよな。タコが休漁と決まっとっても、それを破って誰かが漁しよる。それを見て、私が誰々がタコ取っとるで、タコ取れるでぇ、行こうやい言うてもよの、それをせずくに休みを楽しんじょったわい。休漁が一週間つづいてもよのぅ。

おじいさんはどんなときでも真っ直ぐに本筋を通しちょったけぇ、煙たがられとったわい。けどなぁ、よう組合長から中村さん来てもらえんかなぁ、言うて呼び出されよった。おじいさんは意見のまとめ役じゃったんよの。

何のことじゃったんじゃろか、組合を解散しょうやい言う人がおって、組合に残るんは中村さんだけじゃ、組合がつぶれるちゅうとき、おじいさんは「みんなが生きていかにゃいかん。人間のやることじゃ、どうにか解決する方法がある」言うて話したんじゃろ思う。

おじいさんは自分のことだけ考えちょらんかったわい。ほんとうにえらいわい」

中村さんは清濁を飲み込む度量があり、腹が座っていた。

「おじいさんは人がどう言おうと弁解せんのよぅ。娘が成人したときの晴れ着のために、温州の苗を五本植えちゃんじゃけど、昭和四三年の干ばつで収穫できなんだんで、その分二人で春の藻の口開けにワカメ、テングサ、ヒジキじゃのを二、三年、一生懸命に取りよったらよのぅ。それを見た二神の人が「ほれほれ、ミカンの収穫がのうて、食べていけんのじゃろぅ」やら何じゃら言うんで、おじいさんに「人がこない言うとる、あない言うとる」言うたらよ。「ほうか、ほうか。そんなもん相手にすんな」言うて、笑うとったわい。海藻取りが娘の晴れ着のためじゃったことを、成人式で初めて知ったんよのぅ。おもしろかろう」

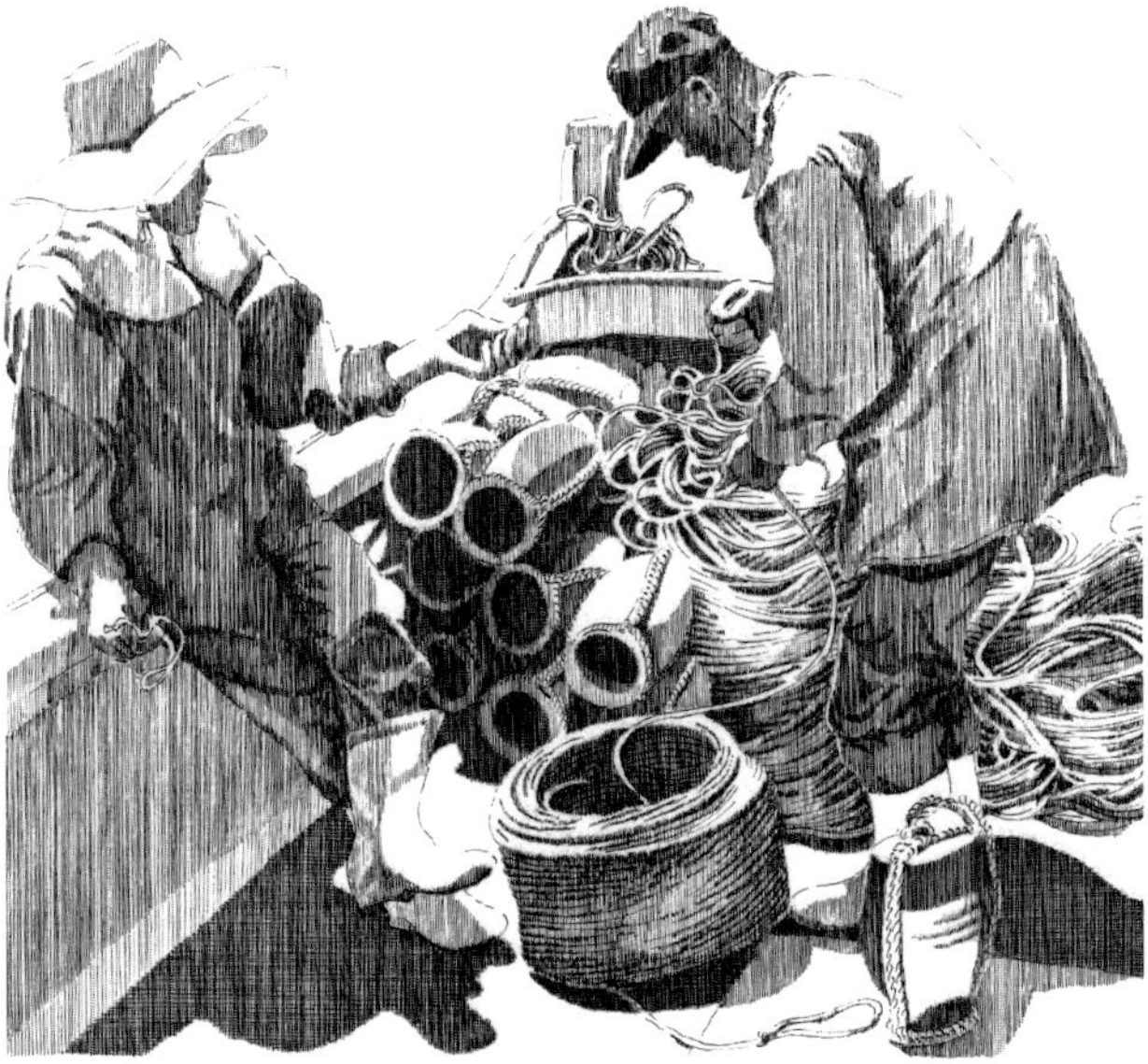

勝兄の海

この日の夜話、珍しく中村さんが少し苛立って話を切り出した。

「今年は清酒一〇本もろたんぞ。わしゃ、由利から西の水無瀬島にかけての網代に二千五、六〇〇個のツボをハエ込みたいと思うとるんじゃが。網代に高浜のエビ漕ぎが来るようになってよの、大けな馬力で海底を引っ張るんで、ツボのロープを切られるんでよの、いかんのじゃがい。網代は昔の三分の一に減ったのう。いまツボ漁師は九軒じゃがい。タコはツボに入ると言うとったもんが辞めて、ツボに入れるもんじゃ言うとるもんが残ったがい」

夫婦は、自宅からひと筋東の海に近いところに一階はミカン倉庫、二階は居間の別宅を新築。それを見た男たちが、「勝兄はもう七〇じゃろがい。まだやるんかいのう」「ほぅ、また倉庫作ったんかい。まだやるんじゃのう。たいしたじいさんじゃあ！」と噂をする。

「おじいさんはなぁ、ぜんぜん年寄りくそうないんよぅ、言うこともすることもよのぅ。ツボは二人のリクレーションじゃけぇのぅ。なぁ、おじいさん」

中村さんはタコを人の二倍も三倍も取ってきた。ツボのおもしろさを存分に味わってきた。ツボにかける情熱は老いてなお盛んだ。しかし、体力の衰えとともに水揚げを競うことより、マイペースでツボを楽しむ心境に変わっていた。

別宅二階から青さが増す初秋の海を眺めていると、中村さんが階段を上がって来た。

「ここで寝泊まりして行くかい。飯もここで食べりゃええ、どこへでも船を走らせるぞ」

三年あまり、由利行きの弁当をずっとしてもらっている私に、旅費の心配までしてくれている。

二神から北西の周防大島、船ならわずか十数分だ。再訪したいと思いつつ果たせていない沖家室島、平郡島、祝島も近い。佐田岬も海を一直線に走れば、歩く時間が増える。

中村さんは交際が広い。仕事、遊びの先々で出会った人たちの縁を大事にしている。そういう人たちを訪ねるのは楽しいに違いない。ふと、そう思ったが、私の瀬戸内歩きは、ふだん土地の人が利用している道を歩く。バスの乗り継ぎ、小さな島の船の待ち時間もいくら不便でも、その道中の人との出会い、暮らしの風景を描いてきた。

中村さんは人の頼みごと、船便、どこへでも気軽に船を出している。由利島へ渡してもらった人も少なくない。船便の誘いは魅力的だ。「おじいさんは船を走らせていると、好きで機嫌がええ」とスミエさんから聞いていたが、まさか中村さんを足代わりにはできない。中村さんは命に関わる持病がある。いくらなんでも「お願いします」とは言えなかった。

由利の大将逝く

ミカンの出荷作業で忙しいとわかっていたので控えていたが、二ヵ月ぶりに電話をすると、娘さんが「父が一二月二四日、由利でミカンを船に積んどるときに心臓発作を起こして、すぐに中島町立病院に入院しました。母が付き添っています」と言う。青天のへきれきだ。

中村さんの病状が落ち着いて、病院へ二度目の見舞いに行くと、中村さんはベッドに上半身を起こして「もうええんぞ、心配いらんぞ」。心配かけまいと元気を装う。見舞いに行くと、中村さんは喜ぶ。私も会いたかった。中村さんと話が通じていた。だが、病室から廊下に出ると、スミエさんから「おじいさんはしゃべり過ぎて疲れるから、もう来ないでくれ」と婉曲に言われた。

中村さんの病状は一進一退、松山の県立病院から再び中島町立病院へ戻るが、昭和六二（一九八七）年九月急逝。享年七二歳。

夫に一日でも半日でも長生きしてもらいたかった。少しの間も一緒にいたかった。

スミエさんは夫のことを一心に思っていた。私は、その優しさに気づかなかった。今も後悔している。

「看護婦さんがなぁ、たいていの入院患者はわがまま言うて、ゴチャゴチヤあるんじゃけど、このおじいさんは何もないんかいのぅ、言うちょった。そんで「おうおう。そうかい」言うて、私らの話聞いてくれたと言うちょったわい。おじいさんは自分の病気でまわりを困らすまい、心配かけさすまいと気をつかい、よそごと言うて、笑わせよったわい。よう、しんぼうがでけたもんや、まんで悟っちょったわい。

死ぬ前の日、私の手を取り、引き寄せて肩をポンポン叩いて「わしはもう眠たい。眠らせてくれ。手を組ませてくれ」言うて死んだ。死ぬ間際まで話ができたんよぅ」

スミエさんは、四一年連れ添った夫との別れをしとしと話す。

「仏さんの前でひと月、ペタンと座りこんだんよぅ」

スミエさんは夫が亡くなったことが信じられなかった。何をやってもむなしく、楽しくなかった。

「けど孫がなぁ、「ばあちゃん、座らしちょったらいかん。働らかせぇ」言うてくれたり、「ばあちゃん、ミカン作りい。学校の休みのときは手伝うけぇ」優しい言うてくれたんよぅ。それに、ええかげんなミカン作っちょったらおじいさんに笑われてしまう。それやこれやで、気持ちがふっ切れたんよぅ」

スミエさんはつとめて明るく振る舞ったが、中村さんがすべての人、人目のないところで涙、涙だっただろう。

中村さんは負けず嫌い、人より先に物事をする働きもん、頼もしかった。ツボの精神がミカンにも活かされた。スミエさんは勉強する中村さんが好き。夫婦は相性がよかった。

中村さんは多くの人に好かれた。並はずれて派手な交際、バクチ、金使いも荒かった。

「おじいさんは家の二、三軒分を散財、かなり人にしてきたけど、それをしたしたと、ひと言も言わずくよぅ。それが偉いと思う、感心するんよぅ」

中村さんが病弱なために、スミエさんが世帯主の立場に立たされた。中村さんは金の計算をせずに、ある意味楽に生きられて、愉快な人生を送ることができた。散財できたのはスミエさんのおかげだ。スミエさんはその分よけいに苦労したが、自分で物事を決めて行動する喜び、収穫の喜び、同じ喜びでもその二種類があり、充実していた。それは中村さんが死ぬまでつづいた。

「あのなぁ。おじいさんはツボで忙しい、忙しい人じゃったのに、いつの間にそうしちょったんかわからんのじゃけど、島の誰かれなしに一言ずつ人の道を教えたり、意見をしよったんよの。盆に島へ帰って来た人が、「わしは大阪で学校の先生しとるんじゃが、おじいさんに言われた一言が忘れられんのじゃ。それは生きて行く上において、どうしても必要なことじゃ。わしはおじいさんが好きじゃ」「おばさん、私は何々したいんならこうようにせぇ、言われたんじゃが、そのとおりじゃったわい。いっつもそれを胆に銘じとるんじゃ」「私はなになにをこうように教えてもろた」「これこれしてもろたんじゃ」言うてよの、あっちこっちからおじいさんの思い出話を耳にする。みんなが一言ずつ言うてくれたんよぅ。「ありがたいことじゃ。人はおじいさんのこと忘れとらんで」と仏さんに話しとるんよぅ」

スミエさんはそっと目がしらを押さえた。

成長した若者は、島の大人から聞かされてきた中村さんの姿がまるで違って見えた。中村さんの言葉がストンと腑に落ちた。中村さんはそれとなく若者に優しいまなざしを向けていた。自分に対して厳しかったが、人には寛容だった。

「あんなぁ、私は結婚してからいっつも、おじいさんと一緒よぅ。一緒でないのはな、おじいさんが漁業組合の用や旅行でおらなんだときぐらいじゃけぇ、さぁ、年に何日あろうか、数えるほどよのぅ。おじいさんと由利におったときが一番幸せじゃったわい。

私は由利で二人ぎりになっても退屈することがなかったけどが、おじいさんはどうじゃったんじゃろぅか。若い衆の時分からこんな寂しいとこにおれっかい言うて、じっきに二神へ戻りよったわい。賑やか好きじゃったのに、よう辛抱ができたもんやと思うんよぅ。

口数の少ない人じゃったけど、ほんとうに優しい人じゃったわい」

いつもシャキッと背筋を伸ばしていたスミエさんが、いつのまにか丸く小さくなっている。

「そうよのぅ。ミカンを作るということは生きるということよのぅ。もう二神のちいとの畑じゃけど、今が一番楽しいわい。今を楽しむことが一番よのぅ。

二神の家は路地奥じゃけぇ、星が見えんのでちいと寂しいけど、しょうがないわい。

おじいさんはよう夢を見させてくれるんよぅ。ミカン作りのことやらで、どうしたらええんじゃろか悩んどったらな、いっつも夢枕に立って、ヘラヘラ笑いもって「ばあさんよ、それはこうせぇ、あれはこうせぇ」言うて教えてくれたり、「それ、何しよるんなら」言うて怒られたりするんよぅ。

朝見る夢は正夢じゃと言うけど、ほんとうにそうじゃったと思う。畑へ行ったらおじいさんが言うちょったことはそうだったのかと、わかったんよぅ。由利へは夢の中でおじいさんといつでも一緒に行けるんじゃけどが、もう通い耕作はでけんのでのぅ。

あんなぁ、去年（平成三年）の秋、台風一九号が二神を直撃してな、大ごとじゃったんよぅ。島全部、山のてっぺんまで潮煙をかぶって、畑はわやくちゃよぅ。草を引いたらな、ミカンの木も倒れるんよぅ、みんな立ち枯れよの。季節はずれのミカンの花がいっぱい咲いたんじゃけど、あだ花よのぅ。ほんまのミカンができるんは来年のことになるなぁ。ま、ゆっくりいこわい。

ちいと前に、三津の人が由利に用がある言うんで、私も一緒に行ったんよなぁ、そんで畑へ上がったらなぁ、ミカンはひとっつも傷んどらんのよ。おじいさんが入院してからじゃから、八年ほったらかしじゃったのによぅ、それを見たら涙が出そうになったわい」

畑は人の手が入らなくなると五年で笹ヤブ、一〇年で山に返ると言われている。

「ミカンを成木に育てるのに一五年から二〇年かかるけぇなぁ、それだけ時間と労力をかけてもよの、将来がわからんのに、孫にミカンを作れとは言えまい。ミカンはおばあさん一代で終わってしまわい。残念じゃけど、しょうがないわい。

由利は林ぼってしもて、通い耕作しちょるんは私の弟と井戸さんら三、四軒よのぅ。由利はなぁ、楽しいことも悲しいこともそれぞれに忘れられん思い出よぅ。小娘時分、娘の頃、イワシ網、家の畑の開墾、おじいさんと結婚、ツボ、また開墾、あんなこと、こんなこと。もう昔のことよのぅ」

平和な小宇宙

二神は暮しやすくなりましたか、とたずねてみた。

「そうよのぅ、昔と比べたら何もかも便利になって夢のようよ。お医者さんは週に三回、定期的に診察に来てくれるし、急病人が出たら救急船も頼めるし、生活にいるもん何ちゃ困っちょらんわい」

そういえば二神へ来るたび、海岸の埋立て、港の拡張、道路も整備、そこかしこで公共工事をしていた。昔は海沿いに道もなく、海沿いの家は台風の高潮の被害を受け、床下をえぐられて家ごと流されることもあった。

町では路地裏というと聞こえが悪いが、島では高潮が防げる路地奥の屋敷のほうが値打ちがあった。それが海岸を埋立て、道路や港の整備、防波堤ができると、高潮の被害も少なくなり、日当り、風通しがいい、海岸沿いの家は値打ちが上がった。なにげなく見る景観にも変遷がある。

フェリーに乗り合わせた家族が、島からの便りは葬式の案内ばかりだと溜息をついた。港も定期船も大きく立派に、生活環境も改善されたが、人は減る一方だ。

二神の島人は相対的に陽気、日ごろのつましい暮しに潤いを与えて楽しむすべを知っていて、そのことに知恵を絞った。

「コモンビ」や「やりっこ」はその代表と言ってもいい。

女衆はイリコの稼ぎをオシャレにつぎ込んだ。たまの日曜日、島人は一張羅を着て松山へ行く。そのことを「ご城下へ行く」と言う。よその島はそうは言わないという。江戸時代、忽那諸島は、松山藩と大洲藩がいりくんでいた。二神島は石高の多い松山藩という歴史的背景から、二神の女は服装一つにしても、「うちはちがうんじゃけぇ」と違いを自慢にしていた。

平成五（一九九三）年、スミエさんの三人の孫が中学、高校へ入学した。

「ほれほれ、どの子も、おばあさんより背が高うなっとろぅ」

孫と背比べをし、柱のキズを指さして目を細める。

「こん子らはどこまで大けになるんじゃろうかの。けどなぁ、人間の子もミカンも同じよ。ミカンも素直な木でないと、ええ実にならんわい。外側がようても中身が入っとらんといかんのよぅ」

孫を横に座らせて、順番にポンポンポンポンと優しく頭をたたいて、頬をなでてやった。

「今の日本は何でもある。食べるもんも年中食べられる。今は始末するということを知らん。食べもんを遊び道具にしちょる。あんまり贅沢過ぎる。こんな日本がいつまでつづくんじゃろうか。いつまでもつづいてくれたらええんじゃけどなぁ。おばあさんの小娘時分は、栄養が足らんで子どもがようけ死んだんよのぅ。ほうじゃからこの子らが

大けなっても困らんかったらええんじゃけどのぅ」

日本は食品ロス大国。まだ食べられるものでも捨てる、物を粗末にする世相。スミエさんは孫が生きて行く未来に一抹の不安を抱いている。

日本の伝統行事や祝い事で、モチまき、豆まきなど、食べ物を高所から投げて、ばらまく風習がある。だが、「福」は投げあたえるのではなく、人の手から手へ渡せないものかと思う。

「私もアレやコレやしたいことはいっぱい持ちよるけどが、何をどうせにゃいかんということは、もうみんなしてきたしな。もう七〇じゃけぇ、体も頭もついていかんけぇのぅ」

スミエさんはようやく二神の人並みのおばあさんになり、孫の成長と老いの日々を楽しむ。

平成二〇（二〇〇八）年七月、「おーい、タコ取ろどー」。中村さんがヘラヘラ笑いながら、おばあさんを迎えにきた。

スミエさんは八四年の人生を全力で生き抜いた。中村さんに寄り添い、微笑みを絶やさなかった。

スミエさんは小娘のときから家にくくられた。出戻り、狭い島、世間の目にさらされて、孤独の中にいた。島から出ることも許されない境遇、中村さんが連れ出してくれた由利島で心が解放された。電気がない不便、金の問題ではない、体がなんぼしんどうても、そんなことは何でもなかった。

中村勝美さんは最晩年、

「ワシは一生懸命に生きた。人間としてやるべきことはしてきた。どこへ出ても恥ずかしいことはないぞ。ワシのことは一人のもんが知っとったらそれでええんじゃがい」

と由利の漁具小屋で淡々と話した。中村さんは強い信念を持っていた。戦後の世の中の変化を感じとっていた現代風な人。まわりの言うことに左右されず、自分は自分、おのれの道を行く。そうすれば結果はどうあれ悔いはない。

中村さんは誰におもねることもなく堂々と生きた。ツボもミカンも研究熱心、夫婦は共通していた。多くの人から尊敬を集めたが、それをえらぶったり、自慢したりしなかった。

由利はもう通い耕作をする人もいない無人島になった。暮しの跡形は消えていくが、ここに暮した島人の心のふるさとである。

瀬戸内海の穏やかな多島美の景色は、無数の小さな無人島が形作り、人はその美しさに癒されて、幸せな気分になる。島は風よけ波よけ、海で働く人はそのありがたさをよく知る。

ほんのちょっと昔の昭和の時代、人を思いやり、真っ直ぐに、こころ豊かに暮らした夫婦を心に刻む。

わが心の原風景・瀬戸内海の小さな島の「昭和昔ばなし」

加藤 千洋

なぜか昔から「津々浦々」という言葉が好きだった。そしてそれを口にする時、脳裏に浮かぶのは決まって「瀬戸内海」の風景だった。

ただ東京育ちの私は成人するまで、わが心の原風景を実際に見たことはなかった。なのに小学生の頃から「津々浦々」「瀬戸内海」と口にしていたのは、多分、母親の影響があったからではないかと、今にして思う。

テレビで山村や漁村の暮らしを紹介する番組などを一緒に見ていると、いつも母がつぶやくのである。

「人間、こういう所で生まれても一生ね」と。

わが友、倉掛喜八郎さんがペン画と文章で活写した瀬戸内海の小島の夫婦の物語は、まさに「昭和昔ばなし」のような懐かしさがこみあげてくる一冊。それだけに母が健在だったならまず読ませたかったと思うのだ。

この物語の舞台となった二神島を私も二度訪ねたことがある。夫婦の話を聞いて行ってみたくなり、倉掛さんに同行を願ったのが一九八九年秋。松山からフェリーで二神島に近づくと、家並は船着き場周辺に固まり、あとは小高い山の斜面に濃緑の葉を茂らせた柑橘の木々が目立った。まさに幼いころのイメージそのままの「津々浦々」の風景だった。

その時、物語の主人公の中村勝美さんはすでに他界し、独りになったスミエさんは漁協に勤める娘さんと孫たちと静かに暮らしていた。

倉掛さんが丹念な聞き書きで再現したイワシ漁やタコ壺漁は勝美さんの専売特許だったから、スミエさんはもっぱらミカンや伊予カンづくりに精出していた。

畑に案内してくれた時、スミエさんがつぶやいた言葉が耳に残っている。

「ミカンを育てるのはなあ、子供を育てるのとおんなじよ。お日様が出ても雨が降っても、毎日ああじゃこうじゃと声をかけてると、いいミカンになるんよ」

夫婦で出耕作し、いまは無人となった由利島にも連れて行ってもらった。手入れがされなくなった急斜面のミカン畑は荒れていたが、ふぞろいの実がたわわに実っていた。本でも紹介される赤電話の話を聞いたのもこの時だった。由利島では古代の土器片が発見され、昭和まで活気あふれる漁が続いていた。瀬戸内海の地図には芥子粒ほどでしか描かれない小さな島にも、人間の長い生活史が刻まれていることを実感した。

当時の私は朝日新聞社が創刊して間もない週刊誌『アエラ』の記者だった。帰京後、倉掛さんに挿絵を描いてもらい、二神島と由利島のほんの少し前まで続いていた暮らしの様を「瀬戸内オンリー・

イエスタデー」というタイトルでまとめた。

翌年の冬、十代の二人の娘を連れて再訪した。娘たちは私の仕事の関係で三年余りを北京で過ごし、八八年に帰国してから東京の学校に転入していた。まだこんな素晴らしい日本がある。それを見せたいという親心の旅だった。

お孫さんたちと一緒に山に登って伊予カンを収穫した。実の五センチほど上で枝にハサミを入れる。次に実のヘタのすぐ近くで枝を切り落とす。「こうすると実と実でキズつかないんよ」とスミエさんが子供たちに教えた。

浜に下りて黄金色の実をほおばると、甘酸っぱさが口中に広がった。お孫さんと娘たちは、海に石を投げたり、砂浜を走ったり。ちょっと肌寒い冬の瀬戸内海に子供たちの声が響いたのはつい昨日のようだが、スミエさんも今はなく、高校入学と共に島を離れたというお孫さんたちはどうしているだろう。

さて久しい付き合いになった倉掛さんとの最初の出会いは、わが記憶に霧がかかり、はっきりとは思い出せない。

新聞社に入社して初任地が広島で、次が神戸だった。七二年当時、新幹線はまだ岡山までしか開通しておらず、特急「かもめ」に乗り換えて広島に向かった。途中、車窓から垣間見たのが瀬戸内海との初対面だった。

倉掛さんとの出会いは七六年春からの神戸勤務中であることは確かだが、何年何月までは思い出せない。ただ神戸港に入港した大型帆船の絵をいただいたのは覚えている。その繊細なペン画は額に入れて大事にしている。多分、神戸元町商店街あたりのギャラリーで船の絵を中心に個展を開いた際、新聞で紹介したのではないかと思う。

その後も何度か新聞の企画にお付き合いいただいた。大阪本社で夏の全国高校野球選手権大会を担当した際、開幕前の特集でフロントページを阪神甲子園球場の精密画で飾ってもらった。その原画は手元にないが、大阪の夕刊企画で描いてもらった数枚の原画は今も持っている。大阪、京都、神戸のあれこれを「三都物語」というタイトルで一年間連載した。毎月ワンテーマで各一〇回前後、私が担当したシリーズは「盛り場」編で、大阪の道頓堀や十三、京都の新京極や神戸の新開地、生田筋……二人で取材に歩いたのもよき思い出だ。

今回、改めて知った。発生から四半世紀となった阪神・淡路大震災で、倉掛さんは大切なスケッチの大半と、取材ノートや絵も何枚か失ったという。自宅のあったJR新長田駅周辺の被害は甚大だった。その後の生活再建のため、しばらく絵から離れざるを得なかったと、著書の「あとがき」にある。

長年構想を温めてきた中村さん夫婦の物語が素晴らしい本になったこと、そしてご家族に背中を押されて再びペンを握り、ライフワークの瀬戸内の「津々浦々」を訪ねる旅を再開されたとのこと。なんともうれしい再出発の知らせである。

震災二五周年の節目、「盛り場」編のとても味のある原画は、作者の手元にお戻しすることにしよう。

（ジャーナリスト／平安女学院大学客員教授／元朝日新聞論説委員／元テレビ朝日「報道ステーション」コメンテーター／元ＢＳ朝日「にほん風景遺産」案内人）

二つの島を見てきて

豊田　渉

瀬戸内の島々や沿岸部を描いた倉掛氏の作品を見たのは昭和六一年に出された冊子だった。何かしら懐かしさを感じ細やかな線で描かれた世界に引き込まれた。絵心のない私だが、「線だけでこんなに表現できるのだ、凄いなぁ」とつぶさに思った。最後のほうには二神島と由利島が紹介されていた。それから四年後に買い求めた週刊誌で偶然にも再び目にしたのは、同じ構図だが少し違う由利島と見開きでの二神島集落風景だった。

そして今回、さらにグレードアップしたのではと私なりに感じている。「これはあの場所だ、あぁ、あのおばちゃんでは」と私の中では二神島や由利島での思いが駆け巡る。

由利島からは弥生時代の出土物があり古くからの生活の営みがうかがえる。記録上では江戸時代以降、二神島の属島として重要視され草刈場や沖あいでイワシ網漁などに利用され二神島の人々の生活を支えてきたと言っていい。伝説では地震などにより島が沈み、形が変わったという謎と神秘に満ちた島でもある。

私が由利島に初めて上陸したのは、半世紀前の高校生の時だ。由利島の海岸から山頂に延びる壮大な段々畑を海から見たのを今も忘れない。何十年もかけて人力で造ったであろう姿に圧倒された。それらに関わってきたのがこの本に登場する中村勝美・スミエ夫妻である。戦前・戦後、多い時で六〇人ほどが暮らしていた由利島で、最後までみかんをつくりタコ漁で生きてきた。私は昭和五七年から三〇年間由利島で子どもたちの無人島キャンプに関わった。それ以外でも多くの人を案内するなか、由利島を知り尽くしているご夫婦のご教示を受けてきたのである。

大由利のてっぺんにある旧海軍の建物跡や中腹「寺床」にあった一反五畝のみかん畑でのひととき、使われないほうがいい赤電話の物語のことなど、当時の由利島で自信に満ちた中村ご夫妻のことを思い出す。今、島は樹木に覆われそのころの面影を失いつつあるが、当時のことはこの本の中に今も見事なタッチで生きているのではないかと思う。

日本は島国である。それなのに島のことをよく知らない人は多いのではないか。華やかに取り上げられる島ばかりではないし、一つとして同じ島はないのに。今回、長年にわたって取材をされた倉掛氏が二神島・由利島を取り上げていただいたことに感謝をしている。そして、これが契機となってほかの島々のことを知って関心をもってもらえれば望外の喜びである。

（元松山市職員／二神系譜研究会／愛媛県離島青年協議会推進員／忽那諸島地域ガイド）

感謝の気持ちがつないだ縁

久保田　静子

私の知る倉掛喜八郎さんは、阪神・淡路大震災発生当時神戸で焼き穴子とくぎ煮の店「魚彩」を営まれており、私の小学校教師時代の大切な教え子、えみちゃんのご主人であります。

私たちわかば学園は、倉掛さんに大変感謝していることがあります。わかば学園は障がいのある人たちを支援する小さな事業所ですが、魚彩さんは学園に大きな立派な焼き穴子を無償、匿名で提供してくださいました。それは二〇一六年魚彩が閉店されるまでの長い間のことでした。その間、わかば学園が経営する小さなお店（分校）「ふれ愛ランド」では「穴子丼ぶり」がお客さんに大人気。学園の運営にも大きく貢献してくれました。

また新しいグループホームの資金作りや運営に、園生のお母さんたちは、四季折々に穴子入り巻き寿司を作って販売。評判が良くてお客さんもお母さんたちも大喜びでした。

長きにわたってご支援いただいた理由を、倉掛さんは「阪神・淡路大震災で被災した時、わかば学園の園生とボランティアのみなさんが、日暮れの寒空の下、炊き出しをしてくれたお好み焼きと豚汁のぬくもりが体にしみいりました。いち早く何度も神戸へ救援に駆けつけてこられた、その姿に感激、ありがたいことでした」と言われます。

『タコとミカンの島～瀬戸内で暮した夫婦の話』出版、おめでとうございます。思わず引き込まれるように読ませていただきました。瀬戸内の小さな島の暮しや方言は、幼いころに聞きなれた響きがして懐かしい思いしきりです。この夫婦はたくましく、人に優しく、一生懸命に生きてこられました。私は心から尊敬いたします。

今日は私の九五歳の誕生日、拙文をお詫びしながら、またまた、倉掛さんご夫婦に感謝でいっぱいです。

二〇二〇年一月二一日

特定非営利法人わかば福祉会　わかば学園（二〇一九年開園五〇周年）理事長

あとがき

私は物心ついたときは香川県坂出市にいた。引っ越した先は兵庫県、白砂青松の高砂で、その後魚のまち明石、港・神戸へと移った。祖父は「北前船」航海士。内海航路未整備、近代的航海計器のない時代、瀬戸内海を熟知、夜間航海できたマレな船乗りだった。海、船、そこに働く人が好きなのは祖父譲りで、自然とそんな絵を描くようになった。鼻の奥に潮の匂いがこびりついている。

一九九五年、阪神・淡路大震災で被災し、今年でもう二五年になる。震災後、生活再建のために絵から離れて起業し、一年のうち一週間休めただろうか、早朝から家族と懸命に働き、多くの人に助けられて今がある。

二〇一七年、瀬戸内を描けばと、家族に背中を押されて活動再スタート。心機一転、新鮮な瀬戸内の空気を胸いっぱい吸いたかった。三五年ぶりに豊島（香川）で旧知と再会。三六〇度の眺望、壇山からスケッチをしながら「ふる里」の心象風景と瀬戸内を旅していたころを想う。

瀬戸内の海、島歩きは温かい心にふれる旅であった。四国お遍路＝お接待の文化。困ったときはお互いさんの相互扶助の心、小さな島で暮らす工夫、男木島の「公力」、二神島の「やりっこ」もそのひとつ。海上の流しダルを見つけると拾い上げ、金比羅さんに奉納してあげる、船乗りの相身互いの心。家に泊めてやる。昼飯ウチで食べんかい。一服茶でも飲んで、道中にこれ食べんかい。まるで映画「寅さん」の世界であった。

震災でスケッチの大半と取材ノート、絵の一部も失ったが、書きかけの原稿と原画九八枚は生き残っていた。

それは一九八四年から濃密に三年、さらに足かけ一〇年にわたって取材し、中村さん夫婦の問わず語りを綴った文章と、夫婦と島の暮しの風景だ。時代が移り変わっても色あせていない。再活動の一番にこの原稿を書きあげて、出版にチャレンジしようと思った。

振りかえれば、一九八四年から、朝日新聞連載「瀬戸内漂泊」で、絵・文も自由に書かせてもらった。朝日大阪本社、のち松山、広島支局長の林章さんはいつお会いしてもひょうひょうとしていて、広い博愛の心を持つ人だと感じた。絵が描けなかった時期も励ましの声をかけ続けてくださった。「アエラ」記者加藤千洋さんは、二神、由利島で中村スミエさんを丹念に取材、一九八九年に特集記事を書かれた。

同時期、夫婦を紹介したＮＨＫ松山放送局・鴻農周策ディレクターは一九八七年、ＮＨＫ特集「春・瀬戸内海」で由利島の電話を話題にした。

御三方の報道姿勢は絵を描く糧として大切にしています。在りし日の姿が今も目に浮かぶ中村勝美・スミエさん夫妻、林章様、鴻農周策様、そして、パーソナリティー西條遊児様に本書をお伝えできなかったことが残念でなりません。

本書の出版はくとうてん世良典子様の感性と忍耐力によって実現いたしました。編集においては、森光実様、シーズ・プランニング長谷川一英様にも大変お世話になりました。

心から深く御礼申し上げます。

出版に合わせて「タコとミカンの島」原画・「伊予路を旅して」展開催、坂の上の雲ミュージアムと愛媛県離島青年協議会の御理解と御協力を心から御礼申し上げます。

最後に玉稿をお寄せいただいた御三方、本当にありがとうございました。

二〇二〇年二月二八日

倉掛　喜八郎

○主な参考文献

愛媛県温泉郡『中島町誌』 中島町役場、1968年
宮本常一『私の日本地図』4 同友館、1971年
宮本常一『私の日本地図』12 同友館、1973年
宮本常一『忘れられた日本人』岩波書店、1984年
福島菊次郎『瀬戸内離島物語』社会評論社、1989年
加藤千洋「瀬戸内オンリー・イエスタデー」朝日新聞社『アエラ』、1989年
那須くらら「困窮島という神話:愛媛県二神島/由利島の事例」関西学院大学社会学部紀要、2012年

○著者紹介

倉掛喜八郎（くらかけ きはちろう）

神戸市在住。兵庫県姫路市生まれ。広告代理店グラフィックデザイナー、のち独立。仕事が一区切りつくと、海、船、そこに働く人が好きで絵を描く。

1980年代、本四架橋、通称瀬戸大橋の工事が進んでいたころ、刻々と変貌する「ふる里」の海と人々の暮し、心象風景とダブらせて記憶しておきたいと思い立ち瀬戸内ルポの旅に出る。山陽、四国沿岸と有人、無人合わせて約150島を歩く。

1995年 阪神・淡路大震災被災。絵から離れて生活再建。

2017年 瀬戸内歩き、活動再スタート。


独立後（1980～90年代）、朝日新聞「瀬戸内漂泊」「水辺紀行」連載、山陽電鉄PR誌連載、朝日新聞「三都物語」（ペン画）、アエラ「瀬戸内オンリーイェスタデー」（ペン画）、中公新書「大帆船時代」「海賊キャプテンドレーク」（ペン画）、「練習帆船日本丸・海王丸就航50周年」記念ポスターなどを手がけた。

出版
『えほん神戸の港と船』（神戸新聞出版センター、1980年）
『瀬戸内漂泊・ポンポン船の旅』（大阪書籍、1986年）

個展
1984年 神戸三宮・ギャラリーさんちか
1992年 海文堂ギャラリー
2008年 神戸海洋博物館
2017年 神戸・三宮センター街インフォメーションギャラリー
2018年 メリケン波止場・メリケン亭テーブルギャラリー
2019年 男木島図書館ミニギャラリー、ジュンク堂書店三宮店
2020年 坂の上の雲ミュージアム（松山市）

タコとミカンの島　瀬戸内の島で暮した夫婦の話

2020年3月28日　第1刷発行

絵・文　倉掛喜八郎
発行者　長谷川一英
発行所　株式会社シーズ・プランニング
〒101-0065　東京都千代田区西神田2-3-5 千栄ビル2F
TEL 03-6380-8260
発　売　株式会社星雲社（共同出版社・流通責任出版社）
〒112-0005　東京都文京区水道1-3-30
TEL 03-3868-3275
印刷所　株式会社ソーエイ

スタッフ
企画制作　株式会社くとうてん 世良典子／株式会社シーズ・プランニング長谷川一英
装丁デザイン　株式会社くとうてん 鈴田聡
編集協力　森光実